트럼프
시대
트럼프를
말하다

김문수 지음

트럼프 시대
트럼프를 말하다

한반도 핵문제 비롯한
트럼프 글로벌 전략 심층 분석

서교출판사

Contents

PART. 01 트럼프의 인생

PART. 02 트럼프의 야망과 성공

PART. 03 공약으로 본 트럼프 정책

PART. 04 트럼프와 한반도의 명운

◎ 시대가 낳은 뉴 리더, 트럼프 시대를 말하다

미국 대선의 개표함이 열리기 전, 미국 언론은 물론, 국제 국내 언론까지 도널드 트럼프의 승리를 예측한 곳은 거의 없었다. 모두가 클린턴 힐러리의 당선을 확신하고 있을 때, 나는 고개를 갸웃거리며 내심 이건 아닌데 하고 있었다. 왜냐하면 필자는 트럼프가 제45대 미국 대통령에 당선될 것을 거의 확신하고 있었기 때문이다.

미국의 인구는 전 세계 인구의 고작 4.5 %에 불과하다. 그럼에도 4년마다 치러지는 미국 대통령선거는 지구촌에서 벌어지는 세계 최대 규모의 글로벌 정치 이벤트임에 틀림없다. 이는 곧 전 세계 70억 인구의 미래와도 직결되어 있을 정도로 미국의 영향력이 절대적이기 때문이다. 특히 정치·경제·외교·국방·안보 등 전 분야에 걸쳐 밀접한 관계에 있는 우리나라로서는 더욱 초미의 관심사가 아닐 수 없다.

그런데도 국내 언론들이 온통 미국 주류 언론의 뉴스만을 퍼나르기에 정신이 없었으니 국민들은 트럼프 당선에 크게 놀랄 수밖에 없었을 것이다.

필자는 이 책 〈트럼프 시대 트럼프를 말하다〉를 집필하면서 가장 고심한 부분이 바로 객관성과 논리성, 그리고 명확성에 근거한 팩트였다. 이것이 전제될 때 비로소 트럼프 행정부의 미래를 올바르게 유추, 분석, 전망할 수 있다는 생각이었다. 그리고 이를 통해 우리나라도 트럼프 행정부의 글로벌 전략에 대해 적절한 대책을 세울 수 있을 것으로 확신했기 때문이다.

그러므로 이 책에서 세계 최강국 미국을 이끌 권력자 트럼프가 누구인가를 진단하고 분석하는 것은 매우 중요한 일이라고 판단했다. 그래서 나는 트럼프의 리더십과 인물 탐구는 물론 우리 한반도에 영향을 미치게 될 대북정책과 〈핵 무기 보유〉 문제 등에 이르기까지 관심을 가지고 들여다보았다. 이는 향후 우리 대한민국 정부가 트럼프 행정부에 맞서 정책적으로 대응하거나 협력할 수 있는 대안을 마련하는 데 나름 도움이 될 수 있기를 바라는 의도에서였다.

이를 위해 글로벌 정치·경제 그리고 한반도 핵정책 등에 깊은 식견을 가진 분들의 많은 조언과 충고 그리고 제언을 참고했음을 밝힌다.

이 책은 모두 4개의 장과 하나의 별첨으로 나누어 분야별로 심도 있게 다루려고 노력했다.

제1장에서는, 도널드 트럼프 대통령의 성장배경과 비즈니스 스타일, 어록, 여성관 등을 통하여 그의 인생관과 세계관을 짚어보았다. 이는 트럼

프의 '인생철학'을 올바르게 이해함으로써, 향후 그가 펼칠 자국 내 정치·경제 정책과 국제 정치·경제, 나아가 한반도 정책을 예측하는 데 도움이 되리라 보았기 때문이다.

이어 제2장에서는, 그동안 어떤 인터뷰에서도 대권욕을 직접적으로 드러낸 적이 없었던 트럼프가 부의 축적을 기반으로, 권력에 대한 본색을 드러내는 과정과 그리고 마침내 대권의 야망을 쟁취하는 모습을 추적해 보았다.

제3장에서는, 트럼프의 대선 공약을 짚어보고, 이를 통한 그의 성향을 분석해 보았다. 그는 완전 비즈니스 스타일이다. 하나를 주면 적어도 두 개나 그 이상을 얻어내야 한다. 그러니 그에겐 손해 보는 게임이란 언감생심 상상도 할 수가 없다. 그는 후광이나 '싸구려' 엘리트 의식 따위엔 일절 관심이 없다. 그에게는 그저 모든 게 거래이고 사업일 뿐이다. 결국 최대의 이윤만이 부국강병의 지름길이고 자국민에게 '수혜'를 베풀 수 있다는 트럼프 식 믿음이, 이제 미국을 대변하게 될 것이라고 전망했다.

제4장에선, 한반도의 〈북핵〉에 관한 사항을 기술하였다.

트럼프 행정부는 '전 세계의 제반 주요 분쟁에 개입하여 미국의 영향력을 미치게 해야 한다'는 역대 행정부와는 달리, '고립주의(Isolationism) 노선'을 선택했다.

그렇다고 해서 트럼프 행정부가 국제문제에 무관할 것인가?

아니다. 국제문제를 보는 인식의 프레임이 자국 이기주의에 근거하고 있기에, 오히려 기존의 노선보다 훨씬 더 강한 마찰음과 잡음을 일으킬 가능성이 농후하다는 쪽에 무게 중심을 두고 트럼프를 살펴보았다. 특히 북한의 핵무기 개발과 관련한 한반도의 대북정책에도 큰 변화를 맞이할 수 있을 것으로 보았다.

　수출에 의존하는 우리나라로서는 보호무역주의를 근간으로 하는 트럼프의 경제정책에 상당한 압박과 고통을 당할 수 있다는 것이 대개의 예상이다. 따라서 미국에 대한 우리의 예상치 또한 달라질 수밖에 없다.

　그리고 마지막 4장 외에 별첨에서는, 트럼프 호를 이끌 1기 내각 주요 각료들의 면면을 살펴보기로 했다. 트럼프 못지않게 이들의 성향이나 역량 또한 중요하기 때문이다.

　이 책이 독자여러분의 호기심과 지적욕구를 어느 정도 해소해 줄 수 있기를 바란다. 필자는 독자 제현의 많은 질타를 수용하며, 부족한 부분은 차후 보충할 것을 약속하는 바이다.

　끝으로, 이 책이 나오기까지 아낌없는 성원을 보내주신 여러분들 가운데 이장희 (사)아시아사회과학연구원 원장님과 안충승 뉴욕한민족포럼재단 이사장님 그리고 추천사를 써주신 안동일 선배, 조정래 영남일보 주필에게 마음깊이 고마움을 전한다. 이 책의 출간을 기꺼이 허락한 서교출판사의 김정동 사장님을 비롯한 편집진 여러분께 감사드린다.

2017년 1월 5일 새해 뉴욕에서

지은이 김문수

추천의 글

안동일 (전 미주 동아일보 특파원·방송작가)

타워팰리스에 산다는 김문수 국장의 지인은 도널드 트럼프가 미국 대통령에 당선됐다는 소식을 듣고 들고 있던 '노라다케' 고급 커피잔을 떨어뜨렸다는데, 나는 책상 위의 물 컵을 엎어 적지 않은 낭패를 보아야 했다. 설탕을 잔뜩 넣은 커피가 아닌 것이 불행 중 다행이었다. 굳이 긍정적인 면을 찾자면 그 덕에 모처럼 책상 위를 깨끗하게 치우고 정리할 수 있었다. 트럼프 대통령의 등장은 우리에게도 그런 기회를 주고 있는지도 모른다는 생각을 했다. 김문수 국장과 나는 트럼프의 고향이며 본거지인 뉴욕에서 알게 된 사이다. 그곳 언론사를 서로 스치듯 근무했고 그 후 한민족 포럼 재단을 통해 친분을 쌓았다. 그가 평소 재빠르고 속필 달필이라는 것은 알았지만 이 짧은 시간에 이렇게 유익한 책 한 권을 만들어 내는 것을 보면서 다시 한 번 경탄하면서 경의를 표한다.

우리는 정보의 홍수시대에 살고 있다. 인터넷이 발달되면서 정보가 홍수처럼 밀려오고 우리는 그 홍수 속에서 허우적거리며 살고 있다. 내가 감당할 수 있는 정보는 한정되어 있는데 그보다 훨씬 더 많은 정보가 쏟아져 들어오면서 부작용도 만만치 않고 정보의 값어치도 떨어진 것도 사실이다. 지난 1년 사이 트럼프에 대한 우리의 정보 또한 그 범주에 들어 있다. 그렇지 않았더라면 아까운 커피잔이 깨져 버리고 컴퓨터 자판이 망쳐버리는 일은 없었을 것이다.

지난해 그가 공화당 경선 후보 17명 중 한 명일 때는 경선판의 불쏘시개 정도로 여겨졌는데 잘못된 정보였다. 경선이 4파전으로 압축됐을 때도 주류 후보들이 단일화해 트럼프 카드를 결국 솎아낸다고 했다. 예측은 또 빗나갔다. 트럼프는 자신의 이름처럼 '으뜸패'가 돼서 후보로 지명됐다. 그러자 차기 대통령은 민주당의 클린턴이라고 열의 아홉이 사람이 그런다고 했고 우리도 그러려니 했다. 그런데 이 또한 잘못된 정보였다. 철저한 장사꾼인 그는 전체 득표에서는 무려 300만 표나 뒤졌지만 선거인단에서 압승, 클린턴과 그의 지지자들의 속을 완전히 뒤집어 놓으면서 미국 역사상 가장 경제적인 승리를 거머쥐었다.

트럼프를 반대하는 미국인들은 홀딱 벗긴 그의 누드상을 각지에 세워 풍자했고 꼭 가려야 할 곳까지 드러낸 그의 세 번째 부인의 과거 누드 사진을 다시 배포하면서까지 비하, 비난했지만 트럼프는 이제 백악관 주인이다. 이쯤 되면 트럼프가 아니라 미국 유권자들에게 실망하게 되고 '세계 최강대국 국민의 정치적 민도가 이것밖에 안 되나' 싶다.

그러나 뭔가가 있다. 그런 기존 정치권에 등 돌린 유권자의 분노만으로 설명할 수 없는 트럼프의 지지 배경, 그리고 우리가 왜 잘못된 정보를 받아왔는지 김 국장은 일목요연하게 설명하고 있다. 이야말로 홍수에 떠내려 온 통통하게 살찐 돼지다. 그 돼지를 어떻게 처리하느냐는 문제는 건져 올린 아랫마을 사람들의 손에 달려 있다고 봐야 할 것이다.

마지막으로 아직 걱정하는 많은 독자들께 팁 하나를 드린다. 바로 트럼프와 유사한 정치인 이탈리아의 베를루스코니 얘기다. 역시 뒤가 구린 부호 출신인 그는 1994년부터 2011년 사이 장장 9년이나 총리를 지내 전후 최장수 기록을 가지고 있다. 정치 아마추어였던 그가 장기간에 걸쳐 집권할 수 있었던 이유는 야당의 무능 때문이기도 했지만 뛰어난 전략 덕택이었다. 야당은 베를루스코니에 대한 인신공격에만 집착했기에, 정치적인 논쟁 자체가 사라졌고 오히려 베를루스코니 개인의 인기가 상승하는 역효과를 낳았다. 베를루스코니의 비밀 병기는 자신에게 반대하는 좌파들을 자극해 흥분시킴으로서 중도 유권자들의 동정표를 끌어오는 능력이었다.

베를루스코니를 선거에서 꺾은 인물이 현 총리인 마테오 렌치다. 그는 베를루스코니를 멀쩡한 정치 라이벌로 대했다. 베를루스코니 개인을 공격하기보다는 정책으로 싸웠던 것이다. 그 시사점을 김문수 국장이 이 책에서 여러분에게 잘 갈파하고 있다.

제현의 일독을 권한다.

2017년 신년 원단

PART. 01
트럼프의 인생

트럼프는 1946년 6월 14일 뉴욕시의 퀸스 보로 에서 태어났다. 독일 출신 이민자 후손으로 부동 산 개발업자였던 아버지 프레드 트럼프와 스코틀 랜드 태생인 메리 애니 사이의 3남 2녀 가운데 차 남이었다. 어릴 적 그의 모습은 독일인의 전형적 인 귀공자 형으로 매우 핸섬하고 눈빛이 맑게 빛 나는 총명한 아동이었다.

예상을 깨뜨린
미합중국
신임 대통령

"쨍그랑…."

서울의 강남구 도곡동 타워 팰리스 아파트 김수보 씨(62)는 TV를 보다가 미국 대통령 '트럼프 후보 당선 확실'이라는 뉴스 속보에 순간적인 충격을 받아 그만 커피잔을 떨어뜨리고 말았다.

아뿔싸!

언론이 말하는 '괴짜', '망나니', '미치광이'라는 사람이 미국의 대통령이 되었으니, 뉴욕에 사는 내 아들과 며느리, 그리고 손자 손녀의 미래는 어떻게 된단 말인가?

지난 2016년 11월 8일은 한 인간이 세계를 '바보'로 만들어 버린 시간이었다. 명실 공히 세계 최강의 나라 미국을 이끌 주인공으로 도널드 트럼프가 세인의 예상을 완전히 뒤엎고 제45대 미합중국 대통령으로 당선됐기 때문이다. 내 주변의 사람들은 모두 트럼프의 당선 소식에 한순간

도널드 트럼프의 대통령선거 연설

멍해졌다고 말한다. 한마디로 온 세상이 잠깐 동안 조롱거리를 넘어 바보가 되는 것 같았다. 특히 돈 놓고 돈 먹는 '도박꾼'들은 물론, 최고 뉴스를 제공하는 엘리트 지식인 그룹의 언론매체들과 각종 전문 여론조사 기관마저도 그 순간만은 대부분 '멍청이'로 전락하고 말았으니 말이다.

그러나 인공지능(AI)은 트럼프의 대통령 당선 사실을 귀신같이 알고 있었다. 당시 선거 열흘 전쯤만 해도 모든 언론 매체와 전문 여론조사기관들이 이구동성으로 이변이 없는 한 힐러리 클린턴이 승리할 것이라고 호언장담했다. 그럼에도 불구하고 인도 벤처사업가 산지브 라이가 개발한 '제닉 AI'는 10월 28일 공화당 대통령 후보 트럼프의 당선을 정확히 예측했다. 아, 또 한 번 인간이 기계 앞에 무참히 조롱을 당하는 부끄러운 순간이기도 했다. 올해 들어 세계의 이목을 집중시킨 최강의 바둑고수 이세

돌 9단이 기계 '알파고'에 무릎을 꿇었고, 이번에는 두 번째로 '제닉 AI'가 세상의 인간지능의 총합을 압도했다. 하지만 어쩌면 트럼프의 대통령 재임은 고작 4년, 길어야 8년이지만 향후 도래할 기계문명의 영원한 승리를 예고하는 순간이기도 하여, 달갑지 않은 '트럼프 당선 소식'과 함께 우리의 미래가 걱정이다.

어쨌든 트럼프는 11월 8일 투표를 마친 후 최대의 격전지로 꼽혔던 플로리다와 오하이오, 노스캐롤라이나 주(州) 등에서 힐러리 클린턴을 누르면서 '설마 되겠어?'라는 우려가 현실로 나타났다. 그리고 도널드 트럼프는 세간의 추측을 비웃기라도 하듯 당당히 백악관의 주인공 자리에 올랐다.

트럼프 당선이 확정되자 맨붕에 빠진 유권자들.

트럼프의 출생과
성장과정

　그럼, 도널드 트럼프는 도대체 누구란 말인가? 그는 정말로 괴짜인가, 망나니인가? 아니면 희대의 영웅인가? 지금까지 누구도 그를 제대로 아는 사람은 없다. 왜냐하면 순간순간 파란과 돌풍을 일으키면서 예상을 뒤엎고 공화당 대선후보가 됐기 때문이다. 게다가 정작 그가 백악관의 주인이 되리라고는 아무도 믿지도 예상하지도 않았다. 그래서 더욱더 전 세계가 '멘붕(mental collaspe)'에 빠지고 만 것이다.

　특히 그의 생김새나 행동거지를 보면 괴짜 같기도 하고, 돌출하는 발언들을 상기하면 섬뜩한 망나니 같기도 하다. 그런데 그런 숱한 수식어를 달고 나타난 그가 세상을 비웃기라도 하듯 절대다수의 예상을 뒤엎고 세계 최강국 미국의 '깜짝' 대통령으로 등장했다. 그렇다면 그는 진짜 희대의 영웅이란 말인가?

　아직은 아무도 정확히 그것을 알 수는 없다. 다만 그는 자기 스스로가 오늘 이 대통령의 자리에 오를 수 있도록 기획하고 실행한 천재적인 엔터테인먼트임에는 틀림없는 것 같다. 자, 그럼 트럼프가 진짜 누구인가를 만나러 가보자.

출생 및 초·중·고 시절

트럼프는 1946년 6월 14일 뉴욕시의 퀸스 보로에서 태어났다. 독일 출신 이민자 후손으로 부동산 개발업자였던 아버지 프레드 트럼프와 스코틀랜드 태생인 메리 애니 사이의 3남 2녀 가운데 차남이었다. 어릴 적 그의 모습은 독일인의 전형적인 귀공자 형으로 매우 핸섬하고 눈빛이 맑게 빛나는 총명한 아동이었다. 그는 어린 시절부터 승부욕이 강했다. 한 예로 초등학교 2학년 때는 "음악 선생이 음악에 대해 아무 것도 모른다."며 교사에게 주먹을 휘둘러 얼굴에 상처를 입혔다고 한다. 제 버릇 개 못준다고 전당대회에서 동료 후보에게 주먹을 날리는 모습과도 오버랩된다. 이런 트럼프는 스스로 "어릴 때부터 자립심이 있었으며 폭력적 방법을 통해서라도 내 생각을 알리고자 했다."고 항변한다. 이게 또한 '승부사 기질인가, 망나니 기질'인가는 아직 그 성정머리를 가늠하기가 이르다.

도널드 트럼프의 어린시절 사진(4살)

도널드 트럼프(맨 왼쪽). 5형제 중 둘째로 태어났다.

트럼프 부모는 이런 자식의 '고약한' 기질을 바로잡기 위해 13세의 아들을 당시 규율이 엄하기로 유명한 뉴욕의 군사학교에 입학시켰다. 하지만 트럼프는 군사학교에서는 전혀 다른 모습을 보여 주었다. 다시 말해 그는 상대방이 누군가에 따라 대하는 것이 달라지는 이중적인 태도를 취했던 것이다.

8학년(우리 중학 2년) 초에 들어간 군사학교에서는 자신이 감당할 수 없을 만큼 매우 엄격한 선생님을 만났다. 소년 트럼프의 담당 선생은 전직 해병대 상사인 시어오더 도비어스라는 사납고 거친 성격의 소유자였다. 그는 누구든 규칙에 어긋나면 가차 없이 때리고 견뎌내기 힘든 신체적 고통을 가하는 무시무시한 사람이었다. 그런 사람 앞에서도 어린 트럼프가 자신의 주장처럼 '자립심'을 발휘하고 덤벼들었을까? 아니다. 한마디로 완전히 꼬리를 내리고 만다. 오히려 트럼프 자신이 도비어스를 매우 존경하고 있음을 알리며 그의 환심을 사고 매질을 피해가는 '영악함'을 보였다. 사람은 누구나 이중적인 인격을 가지고 있듯이 트럼프도 예외는 아니었다.

대학시절과 장년기

도널드 트럼프는 이후 뉴욕 포덤대(University of Fordham)를 거쳐 유펜 와튼 스쿨(UPenn Watton School)로 진학한다. 유펜 와튼(UPenn Watton)은 펜실베이니아 대학교(University of Pennsylvania)의 와튼 경영대학(Wharton School of Business)의 합성어이다. 펜실베이니아 대학은 미국의 동부 펜실베이니아 주(州) 필라델피아에 있는 아이비리그 사립 명문대학이다. 그리고 와튼 스쿨은 조지프 와튼이 설립한 펜실베이니아 대학의 경영대학원을 말한다. 와튼 경영대학원은 미국에서 가장 오래되고 세계에서 가장 우수한 경영대학원 가운데 한 곳이다. 따라서 유펜 와튼(UPenn Watton)은 정말 전 세계의 명문 중 명문이다. 세계적 명문인 하버드 경영대학원보다도 와튼 스쿨만은 그 명성이 앞설 만큼 '톱 오버 더 톱(a top over the tops)'이다. 이것은 결코 트럼프 머리가 나쁘지 않다는 것을 알 수 있는 중요 팩트 가운데 하나이다. 그리고 그는 대학시절부터 부동산 개발업자인 아버지를 도우면서 자연스레 사업에 손을 대기도 했다. 그는 당시 대학시절을 이렇게 회고한다. "또래 학생들이 모여서 신문에서 만화(comic strip)나 가십(gossip)을 보고 킬킬거리거나 기껏해야 흥미로운 칼럼이나 이슈가 되는 사설 정도를 읽고 토론을 할 때, 나는 연방주택관리국(FHA)의 저당권 상실 내역을 살피면서 헐값에 나온

1964년 도널드 트럼프의 군사학교 시절(중앙)

화려하게 장식된 트럼프 타워의 입구는 뉴욕의 명소로 자리잡았다.

매물을 물색했다."고 말할 정도로 어린 시절부터 치부에 대한 남다른 관심을 가지고 있었다.

참고로 미국 내 대학들은 대개 설립 연도별로 대학의 순위가 매겨져 있다고 할 수 있다. 최고 명문대학인 하버드 대학(1636년·매사추세츠 주), 예일 대학(1701·코네티컷 주), 펜실베이니아 대학(1740·펜실베이니아 주) 프린스턴 대학(1746·뉴저지 주), 컬럼비아 대학(1754·뉴욕 주), 타트머스 대학(1769·뉴햄프셔 주), 코넬 대학(1864·뉴욕 주) 순으로 설립된 미국 동부지역의 8개 명문 사립대학들이다. 이들 대학은 모두 미국 북동부지역에 위치하고 있으며, 8개 대학들은 모두 고색창연한 담벼락에 담쟁이넝쿨(Ivy)들이 우거져 있다. 그리고 이 대학들이 매년 봄, 가을로 체육 경기를 벌이면서 붙여진 이름이 아이비리그(Ivy League)이며, 여기서 유래되어 이들 8개 동부 명문대학을 '아이비리그(Ivy Leage)' 대학이라고도 부르고 있다. 그런 면에서 펜실베이니아 대학은 미국에서 세 번째로 설립된 사립명문대학인 데다 경영대학원은 가장 먼저 개설되었으니 그 명성을 가히 짐작할 수 있다. 물론 이후 미국은 국력과 경제력이 급격히 팽창하면서 후발로 설립된 대학들 중에서 아이비리그 대학들과 어깨를 겨루는 대학들이 수없이 많이 생겨났다.

도널드 트럼프는 야망가로 알려져 있다. 그의 야망은 대학시절에 있었던 일화에서도 엿볼 수가 있는데, 트럼프가 부동산개발 과목의 첫 번째 수업에서 담당 교수로부터 왜 이 과목을 수강하느냐는 질문을 받자 "나는 뉴욕 부동산업계의 대부가 되고 싶습니다."라고 답한 것으로 유명하다. 트럼프는 실제로 유펜 와튼(UPenn Watton)에 재학 중이던 1971년 약관을 막 넘긴 25세 때 아버지로부터 '엘리자베스 트럼프 & 선(Elizabeth Trump and Son)'의 경영권을 승계 받으면서 본격적으로 부동산사업을 시작했다. 트럼프는 이때 회사명을 바로 자신의 이름을 딴 '트럼프 그룹(Trump Organization)'으로 바꾸고 경영자의 길을 걷는다. 어린 나이에 아버지 기업을 물려받자마자 자기 이름으로 기업 명칭을 바꾸는 것만 봐도 그가 얼마나 철저한 자기 중심주의자적 성향인가를 엿볼 수 있다. 그리고 11년 뒤인 1982년 불과 35세의 나이에 뉴욕 맨해튼 명품가 5thAve에 있는 68층짜리 '트럼프 타워(Trump Tower: 202m)'를 세우고, 호텔 체인 홀리데이 인을 인수하면서 그는 본격적으로 유명 사업가의 반열에 이름을 올린다. 아마 그의 야망의 시작을 알리는 첫 걸음이 아니었을까 싶다.

트럼프 시대 **트럼프를** 말하다

트럼프 식 비즈니스

자서전으로 본 트럼프

트럼프는 막 불혹(40)의 나이를 넘길 즈음인 1987년 자서전을 발간했다. 제목부터 장사꾼임을 자임하는 〈Art of the deal〉이다. 이 책은 〈뉴욕타임스〉가 선정한 베스트셀러였을 뿐만 아니라 미국 대학의 경영학 교수들도 인용할 정도로 빅히트를 거뒀다. 그의 괴짜 발언이나 망나니 같은 기질, 그리고 카멜레온 같은 변신만을 들여다보면 도무지 그다음에 어떤 발언을 하고 어떤 행보를 이어갈 것인지를 예측하기가 어렵다. 하지만 개신교도인 트럼프는 이 자서전을 성경 다음으로 좋아한다고 했으니, 그 속에 내밀한 자신의 속내를 털어놓았을 이 책을 살펴보면 어느 정도 그를 이해하고 그의 미래를 예측하는 데 도움이 될 수 있다.

그의 자서전을 보면 트럼프는 철저하게 계산된 '계획'에 따라 움직이는 세심한 행동주의자라는 것을 짐작할 수 있다. 좌충우돌하는 모험주의자

같지만 실상은 전혀 그렇지 않다. 그는 도박장 개설로 큰돈을 벌면서도 도박을 한 번도 해본 적이 없을 만큼 자기 관리에 철저한 사람이다. 왜냐하면 '도박이야 말로 도박이기 때문'이라고 말한다. 다시 말해 도박으로는 돈을 벌 확률이 거의 없다는 계산에서 비롯된 것이다. 따라서 그는 확실한 이익이 담보되지 않은 곳에는 관심이나 흥미를 가지지 않는다. 그리고 그는 자신의 야망을 이루기 위해 자신이 원하는 것은 어떤 것이든 반드시 손아귀에 넣고야 마는 끈질긴 사람이었다. 그만큼 트럼프는 부에 대한 야망이 일반인의 생각보다 훨씬 크고 원대했음을 읽을 수 있다.

약점 활용에 뛰어난 기질

도널드 트럼프는 대학시절부터 친구들과는 대조적인 모습을 보였다. 또래들과는 달리 특별히 돈과 재테크에 엄청난 관심을 가지고 있었다. 연방주택관리국의 저당권 상실 명단들을 살펴보고, 이 명단에서 트럼프는 '스위프튼 빌리지'를 찾아낸다. 대학생 때 아버지와 함께 건물을 사들였는데 그가 벌인 최초의 빅 비즈니스(big business)가 된 것이다. 그리고 트럼프는 여기서 매우 중요한 사실 하나를 발견한다. 정부 당국과 저당권이 압류된 물건을 거래하면 정부는 가능한 한 빨리 손을 떼고 싶어 한다는 것이다. 정부가 이를 떠맡아야 할 입장이 아니기 때문에 이러한 물건들은 실제로 매우 싼값으로 사들일 수가 있었다고 한다. 트럼프는 이미 대학시절부터 부를 추구하는 데 누구보다 깊은 관심을 가지고 있었다.

트럼프는 아버지와 함께 최소 가격으로 입찰을 하여 결국 그 건물을 낙찰 받는다. 그는 어떤 아파트 단지 하나를 인수한 뒤의 그 성공 여부는 관

도널드 트럼프의 집무실

리 및 임대에 따라 결정된다고 말한다. 트럼프는 "임대료를 낼 능력도 없고 건물을 험하게 쓰는 '나쁜' 입주자는 오히려 내보내는 게 득이 된다."고 생각한다. 그리고 이들을 내보낸 다음 약간의 수리를 거쳐 임대료를 올려 받아 수익을 재창출한다는 것이 그의 독특한 사업수완이었다. 당시 뉴욕에서는 보수를 하더라도 임대료를 올릴 수 없도록 법으로 규정돼 있었다. 하지만 그가 물건을 낙찰 받은 오하이오 주의 신시내티에서는 가능하였으므로 즉시 임대료를 올려 수입을 늘렸다.

특히 트럼프는 사람을 고용하여 쓰는 방식도 남달랐다. 아파트 관리인을 고용할 때도 트럼프의 기준은 크게 달랐다. 인간성이나 도덕성 또는 기본적인 지식 정도가 근거가 되는 일반적인 룰을 따르지 않는다. 트럼프는 철저하고도 치밀하게 계산이 뒷받침된 성과주의에 고용할 인간의 가치를 두었던 것이다. 트럼프는 그가 비록 전과자라고 하더라도 자신이 원하는 일만 잘하면 고용한다. 그리고 자신이 고용한 부동산 매니저가 빼돌린 돈이 연간 5만 달러가 된다고 의심이 들더라도 그보다 훨씬 더 큰 돈을 벌어들인다고 생각하면 그를 데리고 일하는 철저하게 이익에 기반을 둔 계산주의자였다.

사교마저도 계산된 투자

트럼프가 부동산사업과 더불어 맨해튼에서 시작한 첫 번째 일은 당시 가장 인기가 있고 배타적이며 고급 지향적이었던 사교모임인 〈레 클럽 (Le Club)〉에 가입하는 것이었다고 말한다. 트럼프는 이 클럽을 표현하기를 "75세 부유한 늙은이가 스웨덴 출신 20대 금발의 미녀 3명을 끼고 들어오는 모습을 볼 수 있는 환상적인 장소"라고 말하고 있다. 따라서 강하게 구미가 당긴 그는 이 클럽에 들어가기 위해서 얼마나 밤낮으로 애간장을 태웠는지 결코 잊지 못할 것이라고 회고하고 있다. 가입하려고 무턱대고 전화를 했다가는 퇴짜 맞기 일쑤였다. 그래서 꾀를 낸 것이 "반드시 클럽 회장에게 직접 전달해 주어야 할 매우 귀중한 물품이 있다."고 거짓말을 하고서야 회장을 만날 수 있었고, 마침내 클럽의 가입 허락을 받아냈다. 그의 성격은 집요하다. 하지만 더 무서운 점은 성공을 위해서는 물불을 가리지 않는다는 점이다.

도널드 트럼프가 그런 유명 클럽에 가입하려고 기를 쓰고 덤벼들었던 건 그냥 타고난 '끼'나 부리고 단지 미인들을 데리고 놀기 위한 것이었을까. 물론 아니다(Of course Not). 〈레 클럽〉의 성향이 그러하듯 트럼프는 클럽에 출입하는 동안 대다수 성공한 사람들과 돈 많은 부호들과 교제를 한다. 밤마다 밖에 나가 즐거운 시간을 가졌지만 트럼프는 그 가운데서도 추구하는 방향성이 누구보다 분명하였다. 그에게는 그것 역시 일(business)의 연장선이었고, 철저한 이해득실의 계산에 따라 움직이는 훌륭한 사업의 일환이었던 것이다. 따라서 그는 이 클럽에서 세계의 수도인 뉴욕의 상류사회가 무엇을 지향하며 어떻게 움직이고, 무엇보다 돈의 흐름을 배울 수 있는 유용한 곳이었다고 회고한다.

특히 부동산 사업자인 그에게는 뜻하지 않은 사람을 만나 큰 거래를 할수 있었다. 그리고 유럽이나 남미 같은 지역에서 온 갑부들을 만나서 교제하며 트럼프타워와 트럼프플라자에서 가장 비싼 방들을 이들에게 팔아 이득을 챙길 수 있었다. 현재 트럼프 타워에는 갑부들을 비롯하여 영화배우 브루스 윌리스와 축구 선수 크리스티아누 호날두 등 수많은 유명 스타들이 집을 가지고 있다. 이처럼 실리주의 사업가 트럼프에게는 사교마저도 철저하게 계산된 투자였던 것이다.

트럼프 가족이 살고 있는 뉴욕 맨해튼 명품 5번가에 있는 주상복합건물인 트럼프 타워의 맨 꼭대기 66~68층 3개 층의 펜트하우스는 넓이가 평방 3만 피트(3,000 ㎡·988평)이다. 이곳은 센트럴파크와 맨해튼 야경이 한눈에 내려다보이는 뷰(view)가 아름답기로 유명하다. 트럼프는 자택에 대한 애착이 커 선거운동기간에도 이곳을 본부로 활용했고, 미국 전역을 누비고 다니면서도 날마다 이곳으로 돌아와 휴식을 취하곤 했다. 세 번째 부인 멜라니아와 함께 살고 있는 맨 꼭대기 층은 황금 잎사귀, 대

트럼프 타워 펜트하우스 실내. 세계적인 갑부를 비롯해 영화배우 브루스윌리스와 축구 선수 크리스티아누 호날두등 수많은 유명인사들이 거주하고 있다.

리석 기둥, 크리스털 샹들리에로 꾸민 미니 '베르사유' 궁전과도 같은 곳으로 유명하다. 67층은 트럼프와 부인 멜라니아의 집무실과 직원들의 근무하는 공간이 있다. 66층은 접견실과 스튜디오 등이 있으며, 당선 뒤 트럼프는 이곳에서 백악관 비서실과 내각 인선을 위한 후보 면접이나 회의 등을 개최하고 있다.

　따라서 보안 당국은 트럼프 타워 주변에 차단벽까지 설치해 철통 경계를 펼치고 있으며, 연방항공청(FAA)은 트럼프타워 반경 3.7km를 비행제한 구역으로 정했다. 따라서 트럼프 타워를 애지중지하는 트럼프가 취임 이후 주말이라도 이곳에서 휴식을 취하게 될 경우 백악관은 경호 문제로 골머리를 썩일 수 있다.

카지노 사업을 시작하다

이러한 방식으로 부동산업에서 거액을 벌어들인 트럼프는 마침내 또 다른 사업으로 변신을 시도한다. 트럼프는 1975년 말 어느 날 우연히 카지노 사업이 경제성이 있다는 사실에 주목했다. 오랫동안 공을 들여왔던 세계적인 호텔 체인인 코모도어 호텔(Commodore Hotel)에 관한 상담 때문에 장시간 차를 타고 가면서 들은 라디오 뉴스 덕분이었다. 라스베이거스와 네바다에서 호텔 종업원들이 투표를 통해 파업결정을 내렸다는 소식을 들은 것이다. 트럼프는 뉴스를 통해 무엇보다 라스베이거스에 2개의 카지노를 운영하고 있는 힐튼 호텔의 주가가 폭락했다는 사실에 특별히 주목한 것이다.

전 세계에 걸쳐 최소한 150여 개의 호텔을 소유하고 있는 흔히 호텔업계의 제왕이라고 불리는 회사의 주가가 그중 겨우 2개의 호텔에서 일어난 파업으로 그처럼 폭락했다는 사실이 좀처럼 믿기지 않았다. 하지만 트럼프가 주가 폭락 사실을 이해하는 데는 그리 오랜 시간이 걸리지 않았다. 바로 호텔의 수입이 카지노에 있었다는 사실을 찾아낸 것이다. 힐튼은 전 세계 걸쳐 150개 이상의 호텔을 운영하고 있었다. 하지만 라스베이거스에 있는 고작 2개의 카지노 호텔에서 얻는 수익이 이 회사가 창출하는 총 순이익의 40%에 해당한다는 사실을 간파한 것이다. 돈의 흐름에 타고난 동물적 감각을 가진 트럼프였다. 트럼프는 지체 없이 카지노 사업을 시작하기 위해 직접 애틀랜틱시티로 날아간다. 스스로 도박을 즐기지는 않았지만 '황금알'을 낳는 것이 카지노 사업인데 치밀한 계산주의자가 도박에 대한 혐오감을 가질리 만무했고, 곧바로 이를 행동에 옮긴 것이다.

애틀랜틱시티는 원래 미국 뉴저지 주 남동부 대서양 연안의 섬에 있는 인구 4만 명 정도의 휴양도시로 유명했으나, 제2차 세계대전 이후 동부의 여러 도시와 마찬가지로 쇠퇴하면서 실업과 범죄 문제가 심각한 곳이었다. 하지만 1978년 카지노가 처음 들어선 이후 합법적인 도박의 독점권을 가지고 번성하기 시작했다. 해변을 따라 펼쳐진 너비 19m, 길이 7km의 보드워크(boardwalk)는 이 도시의 '랜드마크(landmark)'로 유명하다. 이 보드워크를 따라 무려 9개의 호텔 카지노가 자리를 잡고 성업 중이다.

그리고 미국 호텔·카지노의 '대부'로 군림하고 있는 바로 트럼프가 세운 플라자 호텔 카지노와 트럼프타지마할이 이곳에 있다. 하지만 지금은 카지노의 메카로 불리는 라스베이거스처럼 카지노 외에도 가족들이 함께 즐길 수 있는 리조트와 대형 쇼와 같은 볼거리를 제대로 준비하지 못했다. 그러므로 인근 지역의 코네티컷 주와 펜실베이니아 주에서 카지노 영업이 허용되면서 무한 경쟁체제에 제대로 적응하지 못해 쇠락의 길을 걷고 있는 곳이기도 하다. 그리고 한국인들 중에서도 애틀랜틱시티의 호텔 도박장에서 일확천금을 꿈꾸다 되레 수백만 달러를 날리고 '거지'가 된 사람들이 손에 꼽을 수 없을 만큼 많은 '불운의 장소(an unfortunate place)'이기도 하다.

심리전으로 힐튼 카지노 인수에 성공

도널드 트럼프가 힐튼 호텔의 카지노를 인수할 때는 자기 스스로도 무서울 만큼 집요했다고 스스로 설명한다. 심리전을 펼치면서 상대방의 자존심을 긁는 전략을 쓰기도 했다 한다. 힐튼이 계약을 무효화하려는 낌새를 알아차렸기 때문이다. 3일 연속 협상을 해놓고 한마디 해명도 없이 발뺌을 할 수는 없는 것 아니냐고 따져 묻기도 했다. 이는 비도덕적인 일이며 명예를 전혀 생각하지 않은 파렴치한 짓이라고도 비난하면서도 그는 언성을 높이지 않으려고 극도의 자제심을 발휘했다. 거래의 대부분에 있어 이미 협상을 마치고 합의점을 찾았기 때문이다. 따라서 공연히 힐튼 측이 빠져나갈 구실을 만들어 주지 않을 만큼 나름 '극한점'을 상정해놓고 상대의 심리를 최대한 이용한 것이다. 그리고 마침내 계약에 성공했다.

트럼프는 상대방의 심리를 역이용하는 데도 남다른 '영리함'을 발휘했는데, 이마저도 철저한 계산에 기반을 둔 것이었다. 그렇다! 이는 단순한 계산에서 나오는 것이 아니다. 그는 누구보다 독서를 즐기는 사람이다. 부동산업계의 재벌로 유명하면서 여성비하를 일삼고, 막말을 쏟아내는 괴짜인 것만 같은 도널드 트럼프의 이면에는 남다른 점이 있었다. 한 가지 그는 매일 밤 10시만 되면 침대에서 앉아 새벽 1시까지 책을 읽는 독서광이라는 사실이 그의 외적 이미지에 가려져 있다. 그런 트럼프가 추천하는 최고 책이 바로 심리학자 칼 융의 〈무의식의 분석〉이라는 책이다. 칼 융은 이 책을 통해 "인간은 누구든 무의식과 의식이 통합된 균형적인 자아를 견지하는 노력이 필요하다."고 주장한다. 트럼프는 실제로 그런 융을 누구보다 좋아하고 존경한다고 말한다. 그리고 그가 쓴 책 가운데 다수의 책들이 뉴욕타임스가 선정한 베스트셀러에 올랐을 정도로

도널드 트럼프 미국 공화당 대선 후보가 플로리다 주 팔비치에서 '슈퍼화요일' 승리연설을 하고 있다.

트럼프 시대 트럼프를 말하다

저자로서의 유명세마저도 언론이 자신들의 잣대로 채색해 버린 '이상한' 이미지에 가려져 있다.

트럼프는 철저한 행동주의자

도널드 트럼프는 자신이 행동주의자이며, 또한 행동하는 사람을 선호한 다고 했다. 1985년 트럼프는 미국 내 최고 방송국인 NBC가 자신의 건물 에 들어오고 싶어 할 정도로 매력적인 건축물을 만들고 싶어 했다. 이를 위해 그는 두 사람의 건축가와 면담을 했는데, 여기서 트럼프의 행동 성 향을 읽을 수 있다. 건축가 한 사람은 리처드 메이어로 당시 뉴욕의 건축 계를 대표하는 인물이었다. 그를 비평하는 건축비평가들마저도 그를 칭 찬했을 정도로 뛰어난 실력의 소유자였다. 당연히 그를 따르는 추종자들 이 줄을 이었다. 하지만 트럼프는 그를 좋아하지 않았다. 사색하고 분석 하고 논리적으로 따지면서 시간 보내기를 좋아한다는 이유 때문이었다. 트럼프가 선택한 건축가는 헬무트 얀이었다. 얀은 뉴욕 건축계와는 아무 런 관련이 없는 아웃사이드였다. 하지만 트럼프는 사업에 대한 안목이 높 고 실행능력이 뛰어난 사람이라고 평가했던 것이다. 실제로 얀은 처음 만 난 지 불과 3주일도 안 돼 건축물의 축소 모형을 가지고 와서 트럼프를 흡 족시켰다. 그래서 트럼프는 1985년 당시 뉴욕 최고 건축가 메이어를 헌 신짝처럼 버리고 얀을 건축 책임자로 고용했다.

도널드 트럼프가 남보다 빨리 상대방을 읽고, 성공을 위해서는 수단과 방법을 가리지 않는 인물임에는 틀림이 없다. 하지만 그는 무모한 사람 이 아니라 매우 영리하고 치밀한 사람이라는 것을 간과하면 안 된다. 그의 신조는 "크게 생각하되, 발로 뛰고, 언제나 최고의 물건을 만들라."는 것이다. 일을 되도록 하려면 지렛대도 사용하고 언론도 이용할 줄 알아야 한다고 충고한다. 일과 실리의 문제에 있어서만큼은 철저한 냉혈한이다.

트럼프는 자서전의 마지막 부분에서, 자신의 계획은 마치 대통령선거에 나서는 것을 암시하는 듯한 의미심장한 말을 남긴다. 아직 가야 할 길이 멀다. 하지만 트럼프는 1987년 당시 자신을 이렇게 표현하고 있다. "나와 내 인생에서 자랑거리라고 할 수 있는 것은 딱 두 가지밖에 없다. 하나는 난관을 잘 극복한다는 점이고, 다른 하나는 좋은 사람들로 하여금 최선을 다해 일할 수 있도록 동기부여를 해준다는 점이다. 그럼에도 불구하고 앞으로 남은 한 가지 과제는 나 자신만을 위해 써온 이 같은 재능들을 이제부터는 남을 위해 훌륭하게 발휘할 수 있는 방법들을 찾아내는 일이다. 그렇다고 오해하지는 말아라. 나는 또 다른 거래, 큰 거래(Big Deal)를 할 계획을 세울 것이다. 그것도 불철주야로…." 우리는 이 대목에서 그의 대권에 대한 의지를 엿볼 수 있다. 결과적으로 그런 암시가 실제로 제45대 미국 대통령에 당선된 것으로 나타난 것이다.

트럼프는 확실한 엔터테인먼트

도널드 트럼프는 미국 공화당의 대선후보가 된 시점에서도 대중에게는 여전히 정치인이라기보다는 사업가로 인식되었다. 그래서 사람들은 더욱 그가 대통령 후보가 되는 것마저도 생각하지 않았던 것이다. 부동산 사업과 카지노사업으로 거액의 돈을 벌어들였지만 정치 경험이 턱없이 부족하기 때문이었다. 트럼프는 실제로 2004년부터 방송된 리얼리티 쇼

〈어프렌티스〉 진행자로 출연하면서 마치 연예인처럼 행동하기도 했다. 그리고 트럼프는 이전부터 〈나홀로 집에 2(1992년)〉와 프로레슬링 경기에도 출연하는 등 엔터테이너의 '끼'를 한껏 발휘해왔다. 따라서 그의 경력만 놓고 따지자면 좀처럼 다음 행보가 예측되지 않는, 마치 럭비공 스타일의 사람이다. 그래도 우리는 그의 내밀한 속내를 털어내고, 그리고 행동으로 보여준 저술을 통해 어느 정도 그의 정신세계나 사업가로서의 인생철학을 나름 일견할 수가 있었다.

트럼프 인생의
부침

파산신청과 사업확장

그러나 거부의 트럼프도 항상 성공가도만 달려온 것은 아니었다. 그에게도 인생의 크나큰 부침이 있었다. 1990년 애틀랜틱시티에 개장한 '트럼프타지마할' 카지노가 실패하면서 한 차례 파산신청을 하게 된다. 그리고 이후에도 트럼프플라자 호텔(1992년), 트럼프 호텔 & 카지노(2004년), 트럼프엔터테인먼트 리조트(2009년) 등의 회사도 파산을 경험한 적이 있었다. 그런 인생의 어려움을 겪으면서도 트럼프의 사업은 계속 확장되어 현재 트럼프 그룹은 세계 각지에 총 42개의 빌딩을 포함한 부동산, 12개의 호텔, 17개의 골프장 등으로 구성된 막대한 자산을 보유하고 있다. 뉴욕타임스는 2015년 기준으로 트럼프가 운영하는 법인은 모두 480여 개로 추정된다고 발표했다.

트럼프의 부동산 자산 가운데 대중에게 가장 널리 알려진 것은 단연 트럼프타워(Trump Tower)다. 뉴욕의 중심가인 명품거리 5번가(Fith Ave) 721에 위치해 있는 68층짜리 주상복합 빌딩이다. 주거와 오피스를 모두 제공하며 트럼프 기업(Trump Organization)의 본부가 자리 잡고 있다. 그리고 바람의 도시로 유명한 시카고에는 어떤 외침에도 튼튼히 버티고 있는 그의 또 다른 빌딩이 있다. 트럼프인터내셔널 타워 & 호텔(Trump International Tower & Hotel, Chicago)이 바로 그것이다. 북미에서 가장 멋진 빌딩 가운데 하나로 손꼽히고 있는 이 빌딩은 겉면이 화려하기로 소문난 98층짜리 빌딩이다. 이 빌딩은 시카고 강 바로 앞에 위치해 있으며, 객실에서 바라보는 미시간 호(Lake Michigan)의 아름다운 풍경이 파노라마처럼 한눈에 펼쳐진다. 세계에서 가장 높은 빌딩 20위 안에 들며, 미국에서는 현재 4번째로 높다. 웅장하고 화려한 외관만큼 그 내부도 화려한 것으로 정평이 나 있다. 총 339개의 객실을 가지고 있는데, 특히 객실은 바닥부터 천장까지 반짝이는 창문으로 꾸며져 있어 내외부가 모두 아름답다. 그 빌딩의 가치는 무려 12억 달러(약 1조 4000억 원)로 평가되고 있다.

세 번의 결혼

거구인 도널드 트럼프(키 190cm)는 우리 나이로 71세임에도 불구하고 원기가 매우 왕성한 것으로도 유명하다. 그는 돈을 벌면 벌수록 아내를 갈아(?)치웠고, 결혼을 거듭할수록 점점 더 어린 여자를 배우자로 선택했다. 트럼프는 세 번의 결혼을 통하여 슬하에 3남 2녀를 두고 있으며, 부인은 모두 배우나 모델 출신이다. 첫 번째 아내인 이바나 트럼프

트럼프 가족들. 왼쪽부터 아들 에릭, 딸 이반카, 트럼트 당선인, 부인 멜라니아 여사, 아들 트럼프 주니어 부부, 딸 티파니.

(1977~1992년)는 전직 패션모델, 두 번째 말라 메이플스(1993~1999년)는 미국 유명 영화배우, 그리고 세 번째 부인이 멜라니아 트럼프(2005~)이다.

첫 번째 부인 이바나 트럼프와는 2년간의 이혼소송을 거친 뒤에 거액의 위자료를 지불해야 했다. 그녀는 1990년대 초 남편 트럼프가 몰래 바람을 피우는 불륜의 현장을 포착해 막대한 위자료를 받아낸 거액 위자료의 '원조'로 꼽힌다. 1990년 12월 31일 미국 콜로라도 주의 한 스키장의 슬로프 꼭대기에서 트럼프가 내연녀인 배우 말라 메이플스(나중에 두 번째 부인)과 밀회를 즐기던 중 아내 이바나와 맞닥뜨린다.

"이 나쁜 xxx! 내 남편을 가만히 둬!"

이바나가 내연녀 메이플스에게 욕설을 퍼부으며 고래고래 소리치는 사이 트럼프는 얼굴을 스카프로 가린 채 스키를 타고 줄행랑을 친다. 하지만 곧 붙잡히고 만다. 이바나는 패션모델 출신이지만 본래는 스키선수 출신이었다. 우습게도 송충이 앞에서 털 세우는 격이 되고 말았다.

이후 무려 2년간이나 밀고 당기는 이혼소송 과정을 거치면서 트럼프는 결국 위자료로 거액인 2,500만 달러(약 280억 원)를 지불하고 1992년 남남으로 갈라선다. 그리고 이듬해 당시 내연녀로 밀회를 즐기던 말라 메이플스와 재혼을 한다. 하지만 두 번째 결혼도 7년 만에 막을 내리면서 트럼프는 더욱 어린 여성을 아내로 선택한다.

세 번째 부인 멜라니아 트럼프(46)는 슬로베니아 출신의 모델인데, 트럼프는 두 번째 아내와 헤어지자마자 그해 무려 24살이 연하인 멜라니아와 공개 연애를 시작하면서 세간의 눈총을 받기도 했다. 그리고 2005년 1월, 전 세계적으로 잘 알려진 플로리다 팜비치에 있는 트럼프 자신이 소유하고 있는 마라라고〈Mar-A Lago(바다에서 호수까지)〉라는 리조트에서 세계인의 이목이 쏠린 초호화 예식을 올려 신문의 외신면을 곱지 않게 장식하기도 했다. 당시 트럼프는 결혼식만을 위해 무려 4,200만 달러(당시 원화로 약 420억 원)를 소비했고, 그리고 신부 멜라니아를 위한 15캐럿짜리 다이아몬드 반지(150만 달러·약 15억 원), 신부의 웨딩드레스 구입 비용으로 20만 달러(약 2억 원)를 지출해 세간의 화제가 되었다.

피는 물보다 진하다

트럼프는 비록 이혼과 재혼의 과정을 거치면서도 자녀들과는 좋은 관계를 유지하고 있는 넉넉한 부성애를 가진 것으로 알려져 있다. 트럼프는 슬하에 장녀인 이방카 트럼프, 둘째 티파니 트럼프, 셋째 바론 트럼프, 넷째 에릭 트럼프, 다섯째 도널드 트럼프 주니어 등 3남 2녀를 슬하에 두고 있다. 이들 가운데 막내와 조지타운대를 졸업한 에릭을 제외하고는 모두 트럼프와 같은 명문 펜실베이니아 대학 출신 수재들이다. 트럼프의 자녀들은 현재 트럼프 그룹에서 재직 중이며, 이들 중에서도 특히 세 자녀는 이번 대선기간에 아버지 트럼프의 유세 활동을 적극적으로 앞장서서 지원하였다. 첫째 딸인 이방카와 넷째 에릭, 그리고 막내 트럼프 주니어가 아버지 트럼프 선거 캠프에 깊숙이 개입하여 '피는 물보다 진하다'며 아버지를 적극적으로 도운 것으로 알려졌다.

첫 번째 부인 이바나와의 사이에서 태어난 패션모델 출신인 장녀 이방카 트럼프는 이번 대선기간 내내 누구보다 아버지를 위해 돋보이는 활약을 많이 펼치면서 대중의 큰 주목을 받았다. 이방카는 뉴욕의 명문사립고교인 초우트 로즈마리 홀 고등학교를 졸업한 뒤 조지타운대를 거쳐 아버지 트럼프가 졸업한 와튼서쿨로 편입하여 경제학을 전공해 우등(쿰 라우데)으로 졸업했다. 이후 이방카는 트럼프의 부동산개발회사인 트럼프 오가니제이션(Trump Organization)의 수석부사장(Executive Vice-president)을 맡고 있다. 그리고 이번 대선에서 형제들 가운데 특별히 장녀로서 많은 역할을 무리 없이 잘 수행함으로써 아버지에게 큰 도움이 된 것으로 알려졌다. 따라서 현지 미국 언론들은 이방카가 트럼프 대통령의 특별보좌관 형식으로 측근에서 국정을 보좌할 것으로 보고 있다.

미인대회 파문

도널드 트럼프는 1996년 미스 유니버스 조직위원회를 인수해 해마다

트럼프와 미스 유니버스 대회에 참가한 미녀들(2011년)

미스 유니버스, 미스 USA, 미스 틴 USA를 2015년까지 개최해왔다. 미스 유니버스는 세계에서 가장 유명한 미인 선발대회로, 지난 1952년 캘리포니아 주에 위치한 퍼시픽 밀스라는 회사가 처음으로 열었다. 1996년 트럼프가 이를 인수했다. 그리고 트럼프는 방송 스케줄에 대한 불만으로 기존 방송사인 CBS에서 열리던 미스 유니버스, 미스 USA, 미스 틴 USA를 2002년에 NBC 방송으로 옮겨 버린다. 그러나 2015년 6월 트럼프가 멕시코 이민자들에 대한 막말 파문을 일으키면서 공동 주최한 NBC 방송과 유니버설은 트럼프와 함께 사업을 하지 않겠다고 선언한다. 트럼프는 방송사 유니비전이 계약을 위반했다면서 5억 달러의 손해배상 청구소송을 제기한다. 그리고 9월 미스 유니버스 운영권을 WME-IMG에 매각했다.

어록(발언)으로 본
트럼프

'막말'은 거래를 위한 전략인가?

도널드 트럼프는 지난 2015년 6월 16일 뉴욕 맨해튼에 있는 자신의 소유인 '트럼프타워'에서 공화당 대선후보 출마를 공식 발표했다. 발표 이후 트럼프는 수많은 발언들을 쏟아내면서 단번에 전 세계 언론의 주목을 받았다. 하지만 언론들은 대부분 괴짜, 여성 편력가, 왜곡된 여성관, 그리고 심지어 망나니 등과 같이 대부분 부정적인 수식어로 그를 비난했다. 그럼에도 불구하고 그는 불과 한 달 보름도 채 안 돼 공화당 후보 '루키'로서의 당당히 모습을 드러냈다. 하지만 그런 트럼프를 두고 한국에서조차 많은 사람들이 "미국은 알다가도 잘 모를 나라인 것 같다. 막말과 기행을 일삼아도 높은 지지율을 유지하는 트럼프를 보면 더욱 그렇다."는 것이 일반적인 인식이었다.

이는 대부분 미국의 언론 매체들이 그를 거부한 탓이 크다고 할 수 있다. 그러나 실제로 트럼프는 10여 권의 책을 발간했으며, 그중에서 특히 〈불구가 된 미국〉, 〈억만장자 마인드〉, 〈거래의 기술〉 등과 같은 몇 권의 책들은 뉴욕타임스의 베스트셀러가 되었다. 그리고 특히 〈거래의 기술〉과 같은 자서전은 미국의 교수들까지도 환호할 만큼 사업이나 부동산과 관련하여 성공한 저서로 꼽힌다. 트럼프는 실제로 무식꾼, 막말꾼이 아니다. 이미 밝힌 것처럼 그는 유펜 와튼(UPenn Watton)을 졸업한 수재이다. 그는 고도의 전략적 계산 아래 보통 정치가라면 감히 엄두도 내지 못할 거친 말들을 해 왔고, 이제는 다른 정치가들이 할 수 없는 말을 자유롭게 해도 되는 상황에 이르렀다. 그런 트럼프가 이번 대선기간에 미국과 직접 또는 간접적으로 밀접한 관련이 있는 국가들을 향해 쏟아낸 그의 발언들을 보면 또 다른 측면에서 그의 모습을 읽을 수 있다.

미국과 관련한 발언들

트럼프의 대선 출마 및 대선 공약과 관련한 발언들을 보면 일률적으로 자국 이기주의에 기반을 두고 있음을 쉽게 알 수 있다. 국제사회의 안정이나 호혜평등과 같은 정신은 어느 곳에서도 찾아볼 수가 없다. 따라서 그간 트럼프의 발언을 보면, 국제사회나 국가 간의 관계를 철저히 트럼프 식 비즈니스의 게임으로 세계를 인식하고, 이를 끌어나가려는 것으로 방향이 설정돼 있는 것 같다.

"우리는 미국을 또다시 위대한 나라로 만들 것이다. 나는 '신이 창조한 최고의 일자리 대통령'이 되겠다. 나는 내가 말한 것을 취소할 수 없다."

"엘 차포(멕시코 마약왕 호아킨 구수만의 별명)가 미국 시민이 될 것이다. 이는 미국의 지도자들이 '안 돼'라고 말할 수 없기 때문이다. 미국이 그 대가를 치르고 있다. 이는 내가 말한 대로다."

이처럼 최근 그가 쏟아내는 발언을 보면 기존 정치가들과는 달리 큰 틀에서 트럼프 식 비즈니스로 국가를 이끌어 가겠다는 분명한 의지와 메시지가 담겨 있음을 알 수 있다.

한국과 관련한 발언들

트럼프가 대선에 출마하기 전인 2011년 당시 사업가로서 한국을 상대로 한 발언을 먼저 상기해 보면 그가 한국을 의식하고 있는 인식의 틀을 이해할 수 있다. 트럼프의 인식은 이런 연장선상에서 현재도 한국을 보고 있다. 2015년 8월 23일 공화당 출마 후보로 라디오 방송(멧 머피 쇼)에 나와 한 발언은 다음과 같다.

"한국은 우리에게서 돈을 엄청나게 벌어가고 있다. 우리는 2만 8000명의 병력을 보내어 그들을 지키는데, 왜 아무런 돈도 내지 않는가(실제로는 한국은 주한미군 방위비로 연간 1조 1,000억 원 이상을 분담하고 있음). 이를테면, 사우디아라비아가 하루에 수십억 달러를 벌면서도 무슨 문제가 생기면 우리 미국 군대가 해결해 줘야 하는 것처럼, 한국도 마찬가지이다. 한국은 미국에서 매달 수십억 달러를 벌어간다. 말이 안 되는 상황이다. 한국은 미쳤다."

"한국은 위대하고 훌륭하다. 내가 하는 일과 관련해 TV 4000대도 방금 주문했다."

"삼성, LG, 샤프(일본산) 등 이런 제품은 다 한국에서 오는 것이고 그들은 미국에서 막대한 돈을 벌어간다. 그런데도 우리는 우리 미국 군대를 한국에 보내고 그곳에 들어가 그들을 방어할 태세를 갖춘다. 하지만 우리는 얻는 게 하나도 없다. 이는 말도 안 되는 미친 일이다.”

“왜 우리는 얻는 게 하나도 없나? 우리는 돕는데 왜 그들은 우리를 돕지 않는가.”

“우리가 얼마나 많은 사람들을 방어해 줄 수 있나? 왜 우리가 모든 사람을 방어해야 하느냐? 한국은 부자 국가이다. 스스로 방어할 능력을 가져야 한다.”

“올바른 지도자가 있다면 그들(한국)은 우리한테 거액을 내게 될 것이고 그러면 모두가 행복할 것이다. 그런데 솔직히 지금의 현실은 너무도 슬픈 상황이다.”

그리고 트럼프의 북한 대남공격을 빗대어 한 발언이 의미심장하다. 그가 미국의 한 라디오 방송에 출연하여 한 발언이다.

“북한의 김정은은 미쳤거나 아니면 천재일 것이다. 김정은은 사실 무엇보다 정신상태가 불안정하다. 그의 아버지 김정일보다 더 불안정하다. 북한에서는 김정일이 그나마 더 좋았다고 평가한다고 하더라.”고 발언했다.

도널드 트럼프는 또 선거 유세에서도 다음과 같은 말들을 쏟아냈다.

“삼성 같은 한국 브랜드가 아니면 미국에서는 살 만한 TV가 거의 없다. 그런데도 북한 젊은이 김정은이 화를 내면 미국은 즉시 해군과 공군을 보내야 한다.”

“한국은 강력한 제조업 경쟁력을 지녔으며, 미국에서 엄청난 돈을 벌어가면서도 한국이 안보에는 미국의 희생에 무임승차하고 있다."

"한국 사람은 뛰어나고 나는 한국 사람을 좋아하지만, 경제력에 걸맞지 않게 자신들의 안보를 미국에 의지하고 있는 것이 싫다."

"나는 어쩔 수 없이 사업상 TV 4,000대를 주문한 적이 있는데, 미국 제품을 사고 싶었다. 하지만 한국산밖에 살 수가 없었다."

"한국이 미국에서 큰돈을 벌지만 미국은 한국에서 그러지 못하고 있다. 이는 정말로 끔찍한 일이다. 왜냐하면 전쟁이 나면 우리 미국 군대가 즉각 우리 배와 비행기를 한국에 공짜로 보내야 하기 때문이다."

"내 말은 한국을 돕지 말자는 것이 아니다. 다만 그들도 우리를 도와줘야 한다는 뜻이다."

도널드 트럼프의 이러한 발언들을 보면, 그의 인식의 밑바닥에는 천박한 장사꾼의 의식이 그를 지배하고 있음을 알 수 있다. 그는 하나를 주면 반드시 하나를 얻어내야 한다. 그런데 한국은 미국이라는 거대한 군사체제에 무임승차를 하고 있는 것으로 인식하고 한국을 '미친 나라'로까지 공공연히 비하하고 있다. 실제 한국으로서도 엄청난 방위비를 분담하고 있다는 것은 모두가 잘 아는 사실이다. 그럼에도 불구하고 그런 트럼프가 미국의 대통령에 당선이 되었으니 우리로서는 이에 대한 철저한 준비를 할 필요가 있다. 왜냐하면 그의 막말마저도 거래를 위한 전략으로 읽히기 때문이다.

트럼프가 중국에 한 발언

"시진핑, 햄버거나 먹어라."

"중국은 환율을 조작하는 등 교활한 방법으로 미국 기업들이 도저히 살아남을 수 없게 만들고 있다. 미국인의 일자리를 빼앗으며 미국을 죽이고 있다. 하지만 정치인들은 모른 척 한다. 통화 조작과 스파이 짓을 하는 중국인들에게 본때를 보여줄 때이다."

"중국의 악행에 대해 각각 세금을 때리고 계속될 경우 더 높은 세율을 적용하겠다."

"중국의 위안화 평가절하는 미국의 피를 빨아 먹겠다는 것을 의미한다."

"중국과 아시아 시장에 휘둘린 나머지 미국 경제가 무너져 내리고 있다."

중국에 대한 트럼프의 공격적 태도를 드러내는 풍자사진

"내가 오랫동안 이야기했듯이 미국은 그동안 너무 중국과 아시아 국가들에 묶여 있으며, 우리는 더 현명해질 필요가 있다."

"내가 대통령이 되면, 중국 국가주석이 미국을 방문했을 때 그에게 맥도널드 햄버거나 주고 곧바로 회담에 착수할 것이다. 다만 햄버거는 더블사이즈 빅맥을 줄 수 있다."

"중국은 미국인들이 굶주리기를 원하며 우리의 사업과 일자리도 빼앗고 있다."

"미국이 우크라이나, 이라크 등 전 세계 분쟁지역에서 희생을 감수하는 동안 그 과실은 중국을 비롯한 몇몇 나라들이 독차지한다. 미국이 2조 달러의 전쟁 비용을 투입한 이라크와 아프가니스탄에서 중국이 원유와 주요 지하자원을 마구 퍼가고 있다."

"중국의 비즈니스맨들은 엉터리 영어를 한다. 이들의 악센트를 못 알아듣겠다."

이와 같이 선거 기간 중 도널드 트럼프가 중국을 향해 던진 발언들은 전반적으로 트럼프가 중국에 얼마나 강한 반감을 가지고 있는가를 보여주고 있다. 그리고 이를 종합해 보면, 트럼프는 중국에 대해 무역경쟁을 공정하게 하지 않으면 대가를 감수해야 할 것이라는 경고를 하고 있다. 그리고 특히 "시진핑, 햄버거나 먹어라."라는 발언은 곱씹어 볼 만하다. 이는 더 이상 대중관계에서 양보를 유보하겠다는 선언으로 들리기 때문이다. 그리고 다른 한편으론 중국의 지도자를 경멸하는 내용을 담고 있다고 할 수 있다. 따라서 향후 미국과 중국의 관계가 예사롭지 않음을 읽을 수 있는 대목이다. 무엇보다 세계를 이끄는 G2 국가가 서로 부딪치게 된다면, 다가올 향후 세계 경제는 예측할 수 없는 혼란 속으로 빠져들어 갈 수 있다.

따라서 미국의 경제 전문가들마저도 두 국가의 충돌을 우려하고 있다. 워싱턴 소재 전략 및 국제문제연구소(CSIS: Center for Strategic and International Studied) 중국전문가 스콧 케네디는 "트럼프가 백악관에 들어가면 전문 보좌진과 마주 앉아 브리핑을 받으면서 자신이 지금까지 알고 있던 것들과 일치하지 않는 많은 데이터들을 접하게 될 것이라고 생각한다."면서 "트럼프의 중국에 대한 기존의 생각이 많아 달라질 수 있고, 또한 달라져야 한다. 그렇지 않으면 세계 경제가 걷잡을 수 없는 위험한 방향으로 빠져들 수가 있다."고 우려했다.

미국 인구 분포

2016년 4월 30일 현재 미국 인구통계청의 공식 자료에 따르면, 미국의 총인구는 약 3억 2,373만여 명이다. 중국, 인도에 이어 세계에서 세 번째로 인구가 많은 나라로 집계되었다. 이 가운데 순수 백인 인구 2억 622만 명(63.7%), 흑인(아프리카계 미국인) 3,950만 명(12.2%), 히스패닉계(또는 라티노) 5,278만 명(16.3%), 아시안계 1,522만명(4.7%), 혼혈인구 615만 명(1.9%), 아메리카 원주민(인디언) 및 알래스카 원주민 227만 명(0.7%), 하와이 및 태평양 원주민 65만 명(0.2%), 나머지 0.2% 등으로 구성돼 있는 것으로 조사됐다.

멕시코를 향해 던진 발언

"멕시코, 그들은 문제가 많은 사람들을 미국으로 보내고 있다. 미국으로 건너온 이들은 성폭행과 마약, 범죄 등을 일삼고 있다. 미국이 쓰레기 처리장(dumping ground)으로 전락하고 있다."

트럼프는 멕시코의 국경지대에 벽을 쌓아 이민자들을 차단하려는 정책을 강경히 하고있다.

"멕시코가 방벽 설치 비용을 지불하지 않으면 내가 대통령이 돼서 더 가혹한 조치를 취할 것이다."

"국경을 넘어 이민자들이 몰려오고 있는데, 이들은 매우 나쁘다(They are really bad). 멕시코인뿐 아니고 국경을 넘어 오는 모든 이들은 대부분 살인자들이며 성폭행범들이다."

"미국으로 들어오는 불법 이민자들로 인해 국경이 엄청난 위험에 처해 있다."

"국경을 강화해야 한다. 미국에서 합법적으로 거주하는 멕시코 이민자들은 나를 지지하고 있다. 불법이민자들은 매우 위험하다."

"나는 중국과 일본으로부터 일자리를 되찾을 것이다. 그러면 히스패닉들이 그 일자리들을 받게 될 것이며 그들은 트럼프를 사랑할 것이다."

"멕시코가 미국의 주머니를 털고 있다. 멕시코에서 온 불법 이민자들

대부분은 강간범 같은 범죄자이다. 나는 이들의 유입을 막기 위해 멕시코 국경에 대형 장벽을 설치할 것이며, 그 비용은 멕시코 정부가 부담해야 한다."

이민자에 대한 발언

"불법 이민자들은 가족들이 함께 지내도록 하겠지만, 결국 그들은 모두 미국을 떠나야 한다. 그들은 떠날 국가가 있든 없든 반드시 미국을 떠나야만 한다."

"불법이민자의 자녀를 포함해 미국에서 태어난 사람에게 자동으로 시민권을 부여하는 '출생시민권제도'를 폐지하겠다."

"미국의 이민법은 자국민의 이익에 부합해야 한다는 원칙을 지켜야 한다. 내가 차기 대통령에 당선되면 불법 이민자 추방을 유예하는 버락 오바마 대통령의 이민법 개혁을 행정 명령으로 취소하겠다."

"페이스 북을 비롯한 많은 미국 대기업들이 H-1B비자(간호사를 제외한 전문직 비자)를 악용해 전문직에 해외 노동자들을 고용하고 그들에게 저임금을 지급한다. 이 때문에 많은 미국인 실업자들이 직업을 갖지 못하는 상황이다."

이는 대선기간 중 트럼프가 자국과 관련한 주요 국가들을 향해 던진 발언들이다. 특히 우리 한국에 대한 트럼프의 인식은 그의 발언을 통해 충분히 짐작할 수 있다. 그의 한국에 대한 인식의 포인트는 한국이 미국의 '안보무임승차국'임을 분명히 하고 있다. 그리고 중국에 대한 그의 인식은 무역불공정과 저임금으로 인한 미국인의 일자리를 빼앗고 있다는 불평등한 경제문제에 깊이 천착해 있다. 그리고 국경을 맞대고 있는 인근 멕시코에 대해서는 국경을 넘어 미국으로 쏟아져 들어오는 불법이민자들에 대한 깊은 불신을 가지고 있다. 따라서 트럼프는 멕시코 문제를 기반으로 기존 오바마 행정부가 취해온 이민정책을 대폭 수정할 것으로 보인다.

트럼프의 여성관

도널드 트럼프가 그동안 여성문제로 언론의 공격을 받으면서 취한 자세는 이를 방어하거나 피하려고 하기보다는 오히려 역공을 가하는 대담한 모습을 보였다. 트럼프는 그동안 언론이나 여성단체로부터 '여성비하'라는 문제로 수많은 비난을 받으면서도 사과를 하거나 움츠러드는 모습을 보인 적이 거의 없었다. 하지만 그런 트럼프도 녹음파일에서 그가 직접 발언한 "그녀한테 접근했는데 실패했다. 솔직히 인정한다.", "시도했다. XX하려고 (그런데) 그녀는 결혼한 유부녀였다."는 녹음 내용이 언론에 공개되면서 딱 한 번 공식적으로 사과한 것이 전부였다.

〈뉴욕타임스〉는 대선기간 중 트럼프가 공화당 대선 후보로 자리매김한 만큼 지도자의 자질을 검증하기 위해 기획한 취재내용을 보도했다. 뉴욕타임스 보도에 따르면, "트럼프 후보는 자신과 업무적 또는 개인적으로 만난 수십여 명의 여성들을 상대로, 왜곡된 여성관을 여과 없이 드러냈다."면서 "트럼프는 무엇보다 외모를 우선시하는 '성적 비하' 발언이 매우 상습적이었다."고 주장했다. 그리고 여성을 성적 대상으로만 취급하며 여성의 외모, 몸매에 대한 평가를 끊임없이 입에 올린 것으로 보도했다. 게다가 트럼프는 자기 회사 여성 직원들의 몸매를 지적하는가 하면, 미스 USA 등 미인대회 사업을 진행했을 때, 참가자들에게 개인적으로 접근하여 치근대는 경우도 다반사였다고 일격을 가한다.

하지만 이에 대한 트럼프의 반응은 이렇다. "한쪽으로 치우친 변변찮은 기사를 내보냈다."고 반박하면서, 그의 트위터 계정은 "나와 여성들을 공격한 뉴욕타임스의 하찮은 히트작에 모두가 비웃고 있다."며 "망해가는 천박한 신문이 또 한 번 나를 때리는 기사를 썼다."고 주장한다. 뉴욕타임스의 보도가 사실이라면 얼핏 트럼프의 반박과 주장은 다소 '뻔뻔스러운' 면이 있다고 볼 수 있다.

그러나 트럼프가 미국의 유력 신문과 방송사들이 자신의 여성관에 대한 일제 사격에도 불구하고 조금도 굴하지 않고 오히려 '당당한' 모습으로 대하는 것은 나름대로 한 가지 계산된 측면이 있기 때문이라고 할 수 있다. 트럼프는 당시 측근 참모들에게 "흔들리지 말라. 내가 현행범이 아닌 이상 이 문제로 인해 절대 언론에 휘둘리지 않는다. 왜냐하면, 많은 사람들이 이 문제에 대해서는 스스로가 스스로를 너무나 잘 알고 있기 때문이다. 그리고 나는 다만 대선후보로서 나를 싫어하는 언론 매체들에 완전히 발가벗겨졌을 뿐이다. 가증스러운 '위선자'들이 스스로 고상한 교양인인 체하면서 나를 공격하고 있다. 그러나 실상은 바로 자신들 스스로에게 침을 뱉는 격"이라고 측근을 다독였다고 한다. 트럼프는 또한 "빌 클린턴

도널드 트럼프와 힐러리 클린턴의 대선 토론

전 대통령은 백악관 집무실에서까지 역겨운 행위를 저질렀다.”면서 힐러리가 세 차례의 TV토론에서 결코 이 문제로 나를 공격하지 못할 것이라고 장담했다. 그런 트럼프의 주장은 사실로 나타났다. 힐러리가 자신의 최고 ‘먹잇감’인 트럼프의 ‘잘못된’ 여성관에 대해 제대로 공격 한 번 가하지 못한 것은 남편 빌 클린턴 전 대통령의 ‘원죄’ 때문이라는 게 워싱턴 정가의 대체적인 분위기이다.

　미국 정치인의 ‘성문제’는 비단 빌 클린턴뿐만이 아니다. 실제로 역대 미국의 대통령들의 여성 관계를 한번 상기해보면 ‘성의 문제’에 관한 한 트럼프가 공격한 그 이상의 추악하고 천박한 모습들이 숨겨져 있음을 알 수 있다. 그 ‘위대한’ 링컨 대통령(16대)도 자신의 가정부와의 사이에서

흑인 사생아를 낳아 구설수에 올랐다. 그리고 존슨 대통령은 또 어떠한가? 그는 희대의 바람둥이로 소문나 있다. 그래서 한번은 워싱턴 정치부 기자들이 존슨의 부인에게 "남편의 여성 편력으로 고민이 많았겠다."고 빗대어 물었다. 그러자 영부인은 "사람을 좋아하는 그이(존슨)가 만나는 사람들이 남자와 여자가 반반이니까 그들 중에는 많은 여성들이 있을 수 있겠죠?"라고 반문했다는 일화가 전해지고 있다. 그리고 존 F. 케네디 대통령은 너무나 많은 염문을 뿌리고 다녀 일일이 열거할 수 없을 정도다. 그가 암살로 인해 죽음에 이른 여러 가지 이유들 중 하나로 현재 가장 설득력을 얻고 있는 것이 바로 "이탈리아 마피아의 연인을 건드렸다."는 설이 유력하게 거론되고 있다. 그리고 해마다 미국에서는 상·하원 의원과 주지사, 시장, 고위직 검찰 등을 비롯하여 많은 유명인사들이 여성 문제로 심심찮게 낙마하는 등 끊임없이 세인의 입방아에 오르내리고 있다.

그리고 트럼프는 "외모와 몸매에 관심이 없다면 전국적으로 행해지는 미인대회는 왜 그리 난리법석인가 묻고 싶다. 그리고 여성이 남성의 성적 대상이고, 남성은 여성의 성적 대상이라는 것은 인류의 시작부터 끝날 때까지의 화두가 아닌가. 더욱이 부와 명성을 거머쥔 남성치고 성문제에서 자유로운 사람이 있단 말인가? 그뿐만 아니라 단지 문화적, 관습적으로 성적 억압을 받고 있기 때문에 아직은 남성만큼 자유분방하지는 못하지만 소수이기는 해도 여성들도 부와 명성을 가진 경우 남성과 마찬가지 행위를 하는 경향이 있다. '호스트 바'가 왜 존재하는지를 상상해보라."고 일갈하기도 했다.

도널드 트럼프는 한국에서도 막말과 여성비하 발언으로 '몰상식한 남자'로 낙인이 찍혔다. 하지만 트럼프의 주장을 가만히 곱씹어보면 충분히 그럴듯한 '궤변'일 수도 있다고 생각한다. 우리나라에서도 역대 대통령을 비롯하여 경제계나 정치권 또는 법조계 등에서 부나 명성, 권력을 가진 유명인사들 가운데 많은 사람들이 성문제에서 자유롭지 못하다. 이를 뒷받침할 만한 사건들을 일일이 다 거론할 수 없을 만큼 많기 때문이다. 부와 명성을 가진 사람들 가운데 일부 들통 난 사건들만 봐도 여성문제에 관한 한 얼마나 추악한 사례들이 많은가. 그래서 이번 미국 대선에서는 트럼프의 '잘못된' 여성관에 대한 비판이 제대로 빛을 발하지 못했다는 의견이 더욱 설득력을 얻고 있다.

재벌 대통령의 한계와
다른 나라의 사례

　트럼프에게는 한 가지 더 시험을 거쳐야 할 과제가 남아 있다. 아버지에게서 상속받은 재산으로 부동산 재벌가문의 명맥을 이어온 트럼프, 그는 경제전문지 〈포브스〉가 집계한 자산이 37억 달러(약 4조 3000억 원)에 달하는 억만장자이다. 미국에서는 그동안 44대의 대통령을 거치면서 '억만장자 출신의 최고 통수권자'가 백악관의 주인공이 된 적이 없다. 오직 트럼프가 처음이다. 물론 다른 나라에서는 재벌이 실권자인 대통령이나 총리로 등극한 경우가 종종 있었다. 하지만 그들의 정치 인생은 대개 돈 때문에 구설수에 오르거나 문제가 발생하곤 했다. 따라서 미국에서 처음 억만장자로 권좌에 오른 도널드 트럼프도 금력과 재력을 모두 가진 대통령으로 첫 시험대에 올랐다. 따라서 이번 트럼프의 대통령직 수행 여부에 따라 향후 미국에서는 더 많은 재벌 대통령이 탄생할 수도 있고, 아니면 더욱 힘들어질 수도 있기 때문이다.

재벌 통수권자들 중 먼저 유럽지역에서는 이탈리아 총리를 지낸 실비오 베를루스코니(80세·59억 달러·약 6조 8000억 원)를 꼽을 수 있다. '부동산-미디어-막말' 세 가지가 트럼프와 닮았지만 실비오 전 총리는 하원 정치인 출신이라는 점이 다르다. 그리고 2011년 3선의 총리를 마치고 물러났지만 여전히 이탈리아 자유인민당을 이끄는 실세로 남아 있는 것을 보면 정치적으로 성공을 이룬 것이라고 볼 수 있다.

그리고 우크라이나 대통령을 지닌 '초콜릿 왕' 페트로 포로센코(51세·13억 달러·약 1조 5000억 원)가 있다. 1990년대부터 사업을 시작해 '로셴'이라는 과자 생산기업을 손에 쥐고, 특히 '초콜릿 왕'이라는 별명으로 유명했던 정치인이다.

그리고 동남아 지역에 탁신 친나왓(67세·16억 8000만 달러·약 1조 9000억 원) 전 태국 국무총리가 있다. 그는 1987년 IT사업을 통해 막대한 부를 쌓은 통신재벌이었다. 하지만 결국 그의 친족이 친나왓그룹 주식을 내부 거래했다는 의혹이 불거지면서 2006년 군부 쿠데타로 실각했다.

그 밖에도 남미지역에서는 칠레의 전 대통령 세바스티안 피네라(67세·25억 달러·2조 9000억 원)는 1970년대 말 칠레에 신용카드라는 개념을 도입한 금융 재벌로서 2010년 국가 최고 통수권자의 자리에 오른다. 그는 임기 4년 동안 칠레의 경제성장을 이끈 대통령이었다.

이들 재벌 통수권자의 사례를 보면 억만장자 대통령으로서 시험대에 오른 트럼프도 자신의 앞날이 순탄한 것만은 아닌 듯하다. 이는 개인 재산도 신경을 써야 하고 국가를 이끌면서 대중의 인기도 지켜야 하는 두 마리 토끼를 동시에 좇는 형국이기 때문이다. 따라서 도널드 트럼프 자신이 이들을 보면서 교훈으로 삼아야 할 점은 막대한 재산을 어떻게 절도 있게 운영하느냐에 달려 있다고 할 수 있다.

PART. 02
트럼프의 야망과 성공

트럼프는 젊은 사업가 시절부터 자신의 '특기'를 널리 알리기 위해 혼신의 노력을 기울인 흔적이 여기저기에서 묻어난다. 그런 흔적들을 더듬다 보면 긍정적이든 부정적이든 트럼프에 대한 기이한 면모가 엿보인다. 그렇다! 그는 사람들 기억에 자신의 존재를 각인시키는 데 탁월한 재주가 있었던 사람이었다.

부(富)에 숨겨진
트럼프의 야망

거래(deal)의 달인

항상 최고를 지향하는 도널드 트럼프는 "거래를 위해 거래를 한다."고 말할 정도로 거래 자체를 사랑하는 '거래(deal)'의 달인(professional)이다. 그런 트럼프가 마지막으로 꿈꾸고 있는 거래는 무엇일까? 그는 '대통령에 대한 도전'이라는 인생 최후의 거래를 실제로 젊은 시절부터 원대한 야망으로 품고 있었을까? 다른 사람들이 알게 모르게 스스로 오랫동안 대통령이 될 준비를 해왔다고 하면 지나친 추측일까?

하여튼 트럼프는 젊은 사업가 시절부터 자신의 '특기'를 널리 알리기 위해 혼신의 노력을 기울인 흔적이 여기저기에서 묻어난다. 그런 흔적들을 더듬다 보면 긍정적이든 부정적이든 트럼프에 대한 기이한 면모가 엿보인다. 그렇다! 그는 사람들 기억에 자신의 존재를 각인시키는 데 탁월한 재주가 있었던 사람이었다.

1971년 아버지 프레드 트럼프의 사업을 물려받은 이후, 거의 40년 이상 도널드 트럼프라는 이름은 미국인은 물론 전 세계인들의 눈과 귀에도 익숙한 언어가 되도록 노력(?)했다. 고층 빌딩 및 고급 호텔 또는 아파트에까지 자신의 이름 트럼프를 '브랜드(Brand)'로 활용했다. 이를 두고 혹자는 트럼프를 자기도취에 빠진 '나르시시스트(Narcissist)'로 표현할 수도 있을 것이다. 그러나 그것은 트럼프를 너무나 모르는 데서 하는 발언일 뿐이다. 도박과 유흥으로 유명한 환락의 도시 라스베이거스 한복판에 우뚝 솟아 있는 트럼프 호텔은 다른 호텔과 달리 카지노가 없다. 도박의 도시의 중심에 서 있는 5성급 대형 호텔에 카지노가 없다니, 이는 트럼프라는 인물에 대한 표피적인 평가가 얼마나 어리석은가를 보여주는 대표적인 사례라고 할 수 있다. 합법적이고 단순하게 돈을 긁어모을 수 있는 라스베이거스 환락의 도심에서 과감하게 도박을 배제한 그의 전략은 진정 자신의 내면과 거래를 한 것으로 봐도 무방할 것이다. 돈에 미친 놈이 돈을 포기한 듯한, 이거야 말로 진정 치열하고 내밀한 자신과의 거래가 아닌가. 물론 트럼프도 당연히 도박장을 가지고 있다. 다만, 할 곳과 하지 말아야 할 것이 다르다는 것뿐이다. 이런 것들에서부터 트럼프는 무엇인가 다르다는 인식이 차곡차곡 만들어진다. 이미 다르고 이후로도 다를 것이라는 재미와 기대를 사람들에게 하나둘 심어준다. 과연 또라이 같은 이 거래의 달인은 카지노를 포기하고 실제 무엇을 얻었을까?

흔한 곳에 귀한 것을

도박의 '천국'이라 불리는 라스베이거스에서는 카지노가 없는 호텔을

뉴욕 맨해튼에 있는 68층의 트럼프타워. 높이가 무려 202m에 달한다.

트럼프 시대 트럼프를 말하다

거의 찾아보기 어렵다. 특히 5성급 호텔로 카지노가 없는 호텔은 트럼프 호텔이 거의 유일하다고 할 수 있다. 그런데도 호텔 수입의 80% 이상을 차지하는 카지노를 애써 두지 않은 데는 거래의 달인 트럼프만의 전략이 숨어 있다. 이는 가족 단위의 여행객들을 상대로 트럼프의 좋은 이미지를 제고하려는 데 있다. 카지노 호텔은 대개 1층에서 카지노가 성업 중이다. 그러므로 호텔에 들어서는 순간 술과 담배 냄새, 심지어 노숙자들의 찌든 냄새까지도 함께 묻어나게 마련이다. 그래서 많은 사람들이 호텔로 들어가면서 얼굴을 찡그리게 된다. 때로는 총기 사건이나 취객들의 난투극이 벌어지기도 하는 위험이 도사리고 있다. 여행객들이 객실로 올라가는 엘리베이터를 타려면 대부분 이렇듯 넓은 카지노장을 돌아서 가야 하는데 노인들이나 어린이들에게는 불편하기 짝이 없다. 따라서 이곳을 지나는 동안 가족 단위로 여행을 하는 사람들에게는 더 없이 탁하고 지저분한 느낌을 주게 된다.

하지만 라스베이거스 한복판에 우뚝 선 트럼프 호텔은 다르다. 무엇보다 안전하고 깨끗하다. 그리고 가족을 배려하기 위해 마련한 침실과 화장실은 어느 호텔도 감히 따라올 수 없을 만큼 잘 꾸며져 있는 것으로 유명하다. 특히 화장실은 3개의 구간으로 나뉘어 얼굴 화장, 용변, 샤워를 하는 장소가 각각 따로 분리되어 있어 개인의 사정에 따라 편리하게 이용할 수 있도록 꾸몄다. 또한 거실 맞은편에 부엌이 준비되어 있어 아이들이나 어르신들을 위해 언제든 간단한 음식을 해먹을 수 있도록 배려했다. 그래서 라스베이거스에서 트럼프 호텔을 한 번이라도 이용해 본 사람들은 트럼프라는 '브랜드'나 '사람'에 대한 이미지가 확 달라진다는 말이 있다. 게다가 인기가 있어 객실 이용률도 높아 호텔 수익도 카지노보다는 못하지만 '나쁘지 않다(not bad)'는 것이다. 이는 감히 트럼프만이 노릴 수 있는 특별한 '아이디어'라고 할 수 있다. 그럼, 이제는 다시 '트럼프의 야망' 속으로 발길을 재촉해 보자!

항상 최악의 상황에 대비하라

도널드 트럼프는 스스로 "부정적 사고의 능력을 믿는다."고 말한다. 그는 항상 최악의 경우를 고려한다는 것이다. 그는 위험 부담을 최대한 줄이는 식으로 투자에 참여한다. 한마디로 도박과 같은 과욕은 금물이라는 것이 부를 축적하는 그의 기본적인 자세이다. 가장 좋은 한 가지 예로는 애틀랜틱시티에서의 경험이다. 별로 전망이 좋지 않은 대지 여러 필지를 헐값에 구입한다. 그리고 성공 여부는 어떻게 이 땅을 한 필지로 묶어서 판매할 수 있느냐에 달려 있었다. 하지만 막상 이 땅을 하나로 묶은 뒤에도 그는 결코 서두르지 않았다. 취득세를 물고 수백만 달러의 경비를 들여가며 도박장 허가가 나오기 전까지 천천히 건물공사를 진행한다. 드디어 황금알을 낳는 도박장 허가가 나온 뒤에도 트럼프는 서두르지 않는 침착성을 보인다. 부의 2차 '폭발'이 일어날 때까지 인내심을 가지고 기다린다.

그리고 어느 날 홀리데이인 호텔 그룹에서 동업을 하자는 제의가 들어온다. 트럼프는 다른 사람들의 예상과 달리 그 제의를 선뜻 받아들인다. 주변 사람들은 왜 수익의 절반을 포기하면서까지 홀리데이 호텔과 동업을 하느냐며 의아해 한다. 하지만 트럼프의 생각은 그들과는 좀 달랐다.

홀리데이인 측은 트럼프가 토지를 구입하기 위해 지불한 대금과 건축하는 몇 년 동안 입은 손실까지 지불하겠다고 제안했기 때문이다. 트럼프는 위험부담을 다 떠안으면서 혼자 카지노를 몽땅 소유하느니 한 푼도 들이지 않고 절반만 소유하겠다고 말했다. 그가 평소에 즐겨 쓴다는 말 중 하나인 "다 잡으려다가 다 놓친다(Grasp all, lose all)."는 신념을 철저하게 실천에 옮기고 있는 것이다. 그리고 그가 도박장을 운영하면서 도박과 같은 과욕의 허세를 부리지 않는 것은 부의 축적에 관한 한 최악의 상황을 항상 경계하면서 안정적 수익을 노리는 침착성이 몸에 배었기 때문이라고 할 수 있다.

돈벌레 트럼프, 어떻게든 수익을 창출한다

트럼프는 또 세금우대혜택으로도 막대한 부를 축적했다고 회고한다. 그는 재산형성 과정에서 세금우대혜택으로만 1조 원 규모의 큰돈을 절세했다고 말하기도 했다. 뉴욕타임스는 장문의 기획기사를 통해 "트럼프 신화의 출발점이 됐던 뉴욕 42번가의 30층짜리 그랜드하얏트 호텔이 이례적으로 뉴욕시 정부로부터 40년간의 세금우대혜택을 얻어내 현재까지 약 3억6000만 달러 규모의 세금을 피했다."고 폭로한 바 있다. 또 1980년 완공됐을 당시 이 건물 공사비용으로 1억 2000만 달러가 들어갔으며, 트럼프는 1987년 자서전에서 호텔 개장 첫날부터 소위 대박을 내 연간 약 3000만 달러 이상의 영업이익을 달성했다고 자랑한 바 있다고 뉴욕타임스가 지적했다. 뉴욕타임스는 그랜드하얏트 호텔이야말로 트럼프의 전형적인 사업 패턴을 보여주는 것이라고 말한다. 그리고 트럼프가 정치

인맥을 동원하여 정부로부터 세금우대 형태의 엄청난 지원을 받아내는 식으로 자신의 부동산 제국을 일궜다고 지적한다. 신문은 또 트럼프가 호텔 하얏트, 사무용 빌딩 등을 세우면서 받아낸 세금우대 혜택과 각종 지원금의 총규모가 무려 1조 원(8억 8,500만 달러) 이상으로 추산된다고 전했다. 이에 대해 트럼프는 "정말 구역질이 난다."면서 뉴욕타임스에 강한 반감을 드러냈다. 그리고 그는 "이는 모두 정당한 세법에 근거하여 받은 것이지 단 한 푼도 부정한 돈은 없다."고 주장했다.

세법을 이용한 절세의 달인

트럼프의 부의 축적은 단지 투자에만 국한되는 것이 아니었다. 그는 절세를 통해 돈의 불필요한 지출을 막는 것도 투자 못지않게 부를 축적할 수 있는 중요한 방법이라고 믿었다. 따라서 그는 미국 세법의 허점을 최대한 이용하여 오랜 기간 연방소득세를 내지 않은 정황이 언론에 포착되기도 했다. 미국 정치전문매체인 폴리티코를 필두로 미국 언론들은 한목소리로 트럼프의 탈세 의혹을 두고 일제히 '폭탄(bombshell)'과 같은 충격적인 일이 터졌다."고 보도했다. 또 "트럼프가 1995년 9억 1,600만 달러(약 1조113억 원)에 달하는 손실을 신고한 뒤, 18년간 연방소득세 공제혜택을 누린 것으로 추정된다."고 폭로하기도 했다. 당시 의회 전문지 '더힐(The Hill)'은 이번 선거판의 관심이 도널드 트럼프의 베네수엘라 출신 미스 유니버스 수상자 알리시아 마차도에 대한 '성적 비하' 발언에서 이제는 세금 문제로 급속히 옮겨가고 있다고 집중 분석했다. 그리고 워싱턴 포스트와 영국 가디언도 "세금 논란이 트럼프에게 닥친 최대의 위기"라고 보도

트럼프와 힐러리

했다. 힐러리 클린턴 측 진영은 이 납세 문제를 토대로 대대적인 파상 공세의 고삐를 죄었다. "트럼프가 18년간 세금을 '0'달러 냈던 인물"이라고 파상 공세를 펼치기도 했다. 또 트럼프가 내놓은 세금공약이 실현된다면 "미국인의 99.8%는 단 1달러도 얻는 게 없지만, 트럼프 가문은 무려 40억 달러의 혜택을 얻게 된다."고 주장했다. 그 밖에도 힐러리 클린턴 캠프의 브라이언 팰런 대변인은 트위터에서 "트럼프가 얼마나 형편없는 기업인이었으며, 얼마나 오랫동안 의도적으로 세금을 교묘하게 회피해 왔는지를 잘 보여 주는 사건이다."며 신랄하게 비판하고 나섰다.

그러나 트럼프와 측근 참모들은 "탈세 수준의 절세 행위에 대해, 법 테두리 안에서 이뤄져 전혀 문제가 안 된다."는 입장을 견지했다. 트럼프는 오히려 트위터에서 "나는 역대 어느 대통령선거 후보보다도 복잡한 세법을 더 잘 알고 있다. 내가 조세 제도상의 문제점을 고칠 유일한 사람"이라고 거듭 주장했다. 트럼프의 핵심 참모인 크리스 크리스티 뉴저지 주지사와 루돌프 줄리아니 전 뉴욕시장도 트럼프 지원 사격에 나섰다. 먼저 크리스티 주지사는 폭스 뉴스(FOX News)와 가진 인터뷰에서 "세법을 다루는 데 트럼프만큼 천재성을 보여 준 사람이 없다."면서 "현행 제도가 완전히 엉망인데 이번 일은 트럼프가 왜 이 문제를 고칠 적임자인지를 잘 보여 주는 것"이라고 강조했다. 그뿐만 아니라 줄리아니 전 뉴욕시장도 "뉴욕타임스의 기사 제목은 오히려 '트럼프, 세법의 적법 조항을 제대로 활용하다'로 썼어야 한다."며 절세의 합법성을 주장하며 트럼프를 지원하고 나섰다. 게다가 트럼프는 "이번에 밝혀진 유일한 새로운 사실은 20년 전 세금 자료가 불법적으로 획득된 자료라는 것일 뿐"이라면서 "실정법을 어기고 기업 정보를 공개한 뉴욕타임스를 고소하겠다."면서 오히려 으름장을 놓기도 했다.

작은 이익도 놓치지 않는다

현재 미국에서 부동산 사업을 하고 있는 필자의 지인 L씨의 이야기이다. L씨는 1996년 당시 뉴욕 맨해튼에서 중견 규모의 부동산 회사를 경영하고 있었다. 그가 당시 경험한 트럼프와 관련한 에피소드 하나를 나에게 들려주었다. 그는 트럼프에게서 10만 달러(1억 1,000만 원)가량의 커미션 지급을 약속받고 중형 규모의 부동산의 매매를 중개하기로 계약했다. 그리고 L씨는 정말 우여곡절 끝에 계약을 성사를 시켰다고 말한다.

그런데 클로징(closing)하는 날 양측 변호사 입회 아래 서류 사인을 모두 끝내고 커미션을 지급하는 순서가 되었다. 그러자 트럼프는 달랑 7,000 달러(약 800만 원)짜리 수표 한 장을 내밀면서 이것밖에 지불할 수 없으니까 고소를 하려면 하라면서 수표를 던지고 나가버려 억장이 무너지는 일을 경험한 적이 있었다고 하소연했다. 당시 트럼프의 자세는 너무나 당당하고 고압적이어서 L씨는 억울해도 감히 고소를 할 엄두조차 낼 수가 없었다고 한다. 당시 그 일을 당한 친구의 약점이랄까 실수는 독점계약이 아니었고, '팔아주면 얼마의 커미션을 주겠다.'는 서면이 아닌 '구두약속'이었다고 한다. 그러니 트럼프는 그 규모가 크든 작든 법적인 하자나 바늘 구멍만한 허점만 있으면 파고들어 이윤을 챙기는 데 천부적인 소질을 가진 비즈니스맨이라고 혀를 내둘렀다.

트럼프의 개인 전용기 '트럼프 포스 원'

대권을 향한
트럼프

여러 경로로 꿈꾼 대권

트럼프는 1980년대 후반 경제적으로 큰 성공을 이룩한 뒤에 각종 TV 프로그램에 출연하면서 자신의 지명도를 높여 나간다. 정치가가 아닌 데도 많은 이에게 대통령을 꿈꾸는 사람처럼 보이도록 노력하면서 서서히 대권을 향한 야망을 본격적으로 드러내기 시작한다. 그리고 트럼프는 1987년 7월 이전까지는 민주당 당원이었다. 그런데도 당시 공화당 조직가(Republican Praty Organization)인 마이크 던바(Mike Dunbar)는 '트럼프를 대통령 후보로 추대하기 위한 모임(Dart Trump for President)'을 만들었다. 그러자 트럼프는 1987년 7월 민주당을 탈당하고 공화당원이 되어 그해 공화당이 주최한 유명한 뉴햄프셔 로터리 클럽에서 공화당 입당 연설을 한다.

그 이듬해인 1988년 트럼프는 마침내 미국 내 시청률 최고 토크쇼 〈오

트럼프가 진행한 쇼 〈어프렌티스〉 로고

프라 윈프리 쇼〉에 출연한다. 그는 〈오프라 윈프리 쇼〉에서 "대통령에 출마하면 당선되겠지만 출마하지는 않을 것"이라고 말한다. 마침 그 프로그램을 시청했던 닉슨 전 대통령 부인 팻 닉슨(Pat Nixon) 여사는 "트럼프는 사실 대통령감이며 출마하면 당선될 게 확실하다고 생각한다."고 말한다. 팻 여사는 그 사실을 남편인 닉슨 전 대통령에게 전달했음은 물론이다. 트럼프가 미국 내에서 시청률이 가장 높은 토크쇼를 통해 이런 말을 던진 것도 세상의 의중을 떠보기 위한 하나의 전략이었다. 하지만 공화당 내에서는 별다른 반응이 없었다.

그러자 트럼프는 1999년 개혁당 후보로 대통령선거전에 뛰어들었지만 후보가 되지는 못했다. 거기서 트럼프는 제3당의 후보로는 대통령이 되기가 힘들다는 사실을 깨닫고 다시 공화당으로 복귀한다. 물론 우리의 정치계에서도 정계은퇴를 번복하는 등 말을 바꾸는 행위가 종종 있다. 그러나 트럼프는 이러한 잦은 '변신'을 통해 그가 대통령이 되기 위해 얼마나 노심초사하고 있었는가를 우리는 들여다 볼 수 있다.

두드리면 열리는 것인가? 마침내 트럼프에게는 천금 같은 새로운 기회가 찾아온다. 2004년부터 선풍적인 인기를 끈 NBC방송의 프로그램인 서바이버 리얼리티(Survivor Reality) 쇼 〈어프렌틴스·The Apprentice·견습생〉에 호스트(사회자)로 출연하면서 명실 공히 미국 전역에서 주목을 받는 인물이 된다. 뉴욕을 배경으로 하는 〈어프렌티스〉 쇼는 연봉 25만 달러(약 2억 8000만 원)를 내건 트럼프 계열사 인턴십(internship) 일자리를 차지하기 위한 후보 16명의 치열한 경쟁과정을 그린 일종의 직업 오디션 프로그램이다. 이 프로그램의 사회자 트럼프는 견습생 후보들 중에서 누가 더 일을 잘하나 자세히 지켜본다. 그러던 중 성과가 떨어지는 후보를 한 명씩 떨어뜨린다. 그럴 때마다 트럼프는 낙마자를 향해 가차 없이 "넌 해고야(You're fired)!"라고 외치는데, 이 장면이야말로 단연 압권이다. 그리하여 한때 미국에서는 '당신은 해고야(You're fired)!'라는 말이 유행어로 인기를 누리기도 했다.

도널드 트럼프는 이 방송의 활약으로 할리우드 명예의 거리(Hollywood Walk of Fame)의 스타가 되었고 공화당 후보로 나서는 데 큰 탄력을 얻었다. 트럼프는 이 인기 프로를 통해 사업가로서 성공한 자신의 면모를 유감없이 발휘하고 유명세를 타면서 전국적인 지명도를 획득하게 된다. 그리고 2015년 마침내 야심차게 준비해 오면서 기다렸던 대선 출마의 기회를 얻는다. 그동안 도널드 트럼프는 대통령이 되겠다는 의지를 여러 경로를 통해 표시했다. 무엇보다 트럼프가 저술한 10여 권의 책들은 모두 그의 대권을 향한 강렬한 열망의 컨셉트(concept)를 잘 대변하고 있음을 엿볼 수 있다.

필체로 본 트럼프 야망

동양에서는 관상으로 사람의 '과거·현재·미래'를 파악하려는 경향이 있듯이 서양에서는 필체를 통해 한 사람의 성격을 분석하는 전문가들이 있다. 도널드 트럼프가 미국 대통령에

트럼프의 서명

당선되자마자 영국의 유명 일간지 인디펜던트(The Independent)는 한 필체 전문가를 통해 트럼프 필체를 분석했다. 그 결과, 트럼프 미국 대통령 당선자는 강력한 권력지향적 성격을 지녔다고 긴급 보도하기도 했다.

최근의 미국의 유명 정치인들 가운데 트럼프는 서명 필체가 독특하기로 소문나 있다. 그의 서명에서 나타나는 것처럼 트럼프의 서명은 글자 한 자 한 자가 길고 큰 데다 꼿꼿하다. 게다가 획 한 점 한 점이 거의 수직에 가까운 직선이다. 영국의 필적학자협회(BIG) 소속 트레이시 트러셀은 "그는 권력에 굶주려 있고, 엄청난 투지와 완고함을 모두 갖추고 있다."고 말한다. 그리고 트럼프의 서명은 무모한 야망, 패기, 용기, 대담무쌍함을 보여준다고 설명한다. 그 밖에도 트럼프는 남의 말을 잘 듣지 않는 성격을 지닌 냉정한 협상가이며, 강경함과 대담함, 직설적인 측면에서 타의 추종을 불허하는 스타일이라고 밝혔다.

인디펜던트는 이 같은 특징은 트럼프 당선인이 대선 후보 시절에 보여준 정치적 발언이나 성향에서도 명백하게 드러난 것과 너무 흡사하다고

주장했다. 실제로 트럼프는 후보 시절 멕시코 불법 이주자들이 마약을 운반한다며 미국과의 국경에 장벽을 쌓겠다고 발언했으며, 테러 위협을 발표하면서 무슬림의 입국을 전면 금지하겠다고 선언하기도 했다. 힐러리 클린턴 민주당 후보에게는 국무장관 시절 서버로 공무 이메일을 주고받은 혐의를 지적하면서 "집권 후 그녀를 처벌하여 반드시 감방에 보내겠다."고 말하는 등 어느 정치인도 흉내낼 수 없는 발언을 서슴지 않았다. 트러셀은 끝으로 트럼프의 필체에 그간 일반인들에게 보이지 않은 방어적인 성격도 숨겨져 있다면서 그런 성격은 특히 가족에 관한 사안이 불거지면 더욱 강하게 나타날 수 있다고 덧붙였다. 이는 혹시라도 대통령 임기를 수행하는 과정에 가족 중 한 사람이 부정이나 부패와 연결돼 법의 심판을 받게 될 경우, 그때 트럼프가 취할 수 있는 성격을 미리 예시하는 것 같다.

무솔리니 리트윗한 '무서운' 야망가

"양(Sheep)으로 100년을 살기보다는 사자(Lion)로 하루를 살겠다." 이 말은 이탈리아의 파시스트 독재자 베니토 무솔리니가 남긴 유명한 말이다. 도널드 트럼프는 이 악명 높은 파시스트의 글귀까지 리트윗하여 노이즈 마케팅(noisemarketing)에 활용한다. 이는 트럼프가 대통령선거 유세기간의 막바지인 2016년 10월 28일 자신의 한 지지자가 올린 내용을 그대로 리트윗하여 선동·선전 도구로 사용할 만큼 무서운 정치적 야망을 가진 사람이다.

이 글을 트위터에 올린 한 지지자는 아이디를 무솔리니의 호칭인 이탈리아 말로 지도(ilduce)를 뜻하는 〈ilduce2016〉를 사용했다. 그리고 자신의 얼굴 대신 무솔리니 얼굴에 트럼프의 독특한 헤어스타일을 합성한 사진을 내걸었다. 트럼프가 무솔리니와 비슷하다고 패러디(Parody)한 것이다. 그래서 누구나 조금만 주의를 기울이면 무솔리니와 관련된 말임을 바로 알 수 있다. 그런데도 트럼프는 이를 과감하게 리트윗한 것이다. 그는 NBC 텔레비전 '언론과의 만남'에서 이에 대한 질문을 받고 "재미있는 어구를 연결시키고 싶었다."고 설명했다. 트럼프는 특히 "무솔리니는 무솔리니다. 그게 무슨 차이가 있나?"라고 반문하면서 아무런 문제가 없다고 주장했다. 이어서 그는 또한 즉석에서 "당신의 주의를 끌지 않았느냐?"고 되묻기도 했다. 다른 후보가 이런 발언을 할 경우 어쩌면 후보직을 사퇴해야 할 정도의 문제가 야기될 수도 있다. 그러나 트럼프에게는 문제는커녕 대중의 관심만 끌면 된다는 것이다. 이른바 노이즈 마케팅을 통한 어떠한 선동·선전도 그에게는 아무런 문제가 되지 않을 만큼, 트럼프는 남다른 배포를 가지고 있다.

트럼프는 '전대미문'의 SNS 실력자?

나비효과(Butterfly Effect)란 브라질에서 한 마리 나비의 가냘픈 날갯짓이 미국 텍사스에 토네이도를 발생시킬 수 있다는 기상학자 에드워드 로렌츠(Edward Lorentz)가 한 말이다. 그러나 요즘 이런 나비효과를 비웃는 말이 있다. 바로 SNS(Social Network Service-사회관계망서비스)이다.

트럼프는 이런 트위터(Twitter)의 나비효과를 대선 기간 중에 자신만의 독특한 마켓으로 이용했다. 유수 언론으로부터 거센 비판과 외면을 받아온 트럼프는 자신의 목소리를 주로 트위터에 실어 보냈다. 어찌됐든 결과적으로 실보다 득이 많았다는 게 전문가들의 분석이다.

트럼프는 최근 행정부 내각 인사를 발표하면서도 트위터를 적극적으로 활용했다. 지난 12월 13일 렉스 틸러슨 엑손모빌 최고경영자(CEO)를 국무장관으로 지명한 것을 비롯해 내각 명단을 발표하면서도 주요한 사안마다 종종 '트위터 정치'로 민주-공화당은 물론, 국민의 마음을 읽으면서 언론보다 트위터에 의존했다.

그리고 중국이 미국의 수중 드론을 나포한 뒤 반환하려고 하자 그는 트위터를 통해 "그냥 가지라고 해라"면서 보복조치를 시사한 것도 역시 트위터를 통해서였다. 트럼프는 특히 필요할 경우 하루에도 몇 번씩 트윗(tweet)을 남기고 제한 글자수 140자로 모자랄 때는 몇 개를 잇달아 트윗을 하는 등 트위터를 통한 자신의 의견을 개진하는데 매우 적극적이다.

또한, 트럼프는 북한의 김정은 위원장이 신년사에서 미국을 타격할 대륙간탄도미사일(ICBM)이 마무리 단계에 이르렀다고 말한데 대해, "It won't happen(그런 일은 일어나지 않을 걸)"이라고 그를 무시하는 발언을 트위터에 올렸다. 그러자 이 트위터는 불과 이틀 만에 2만5000여 회가 리트윗 되었고, 팔로우(친구 추가) 8만6000여 명이 마음에 든다고 댓글을 달았다.

이러한 점에 대해 많은 정치인이나 전문가들은 트럼프가 트위터를 단순한 이미지 제고를 넘어 '통치와 외교, 심리적 피드백'의 공간으로까지 사용하고 있다고 다소 우려 섞인 견해를 내놓았다. 자칫 통치자의 감정적

사견이 끼어들 여지가 많아 문제가 될 수 있다는 것이다.

"지금까지 이러한 일(트위터 정치)을 한번도 경험한 적이 없다. 그래서 앞으로 도널드 트럼프의 '트위터 정치'는 모든 사건들이 수면으로 떠오르는 낯선 세계로 향하고 있다"면서 "이는 새로운 정치 트렌드를 보여주고 있을 뿐 아니라, 상대방(정치인을 포함한 모든 국민)이 자칫 심리적으로 이용당할 수 있다"고 그 위험성을 지적하면서, 현실에서 이를 지켜보고 논의할 수밖에 없는 노릇이라고 말한다.

야망을 뒷받침하는 매력적인 연설

무서운 야망을 가진 트럼프도 〈거래·deal〉나 〈장사·business〉라는 관점에서 보면 충분히 매력적인 남자였다. 그뿐만 아니라 트럼프는 대선기간에 펼친 유세에서도 흥미와 다양한 관심을 끌 만한 수많은 매력적인 연설을 하였다. 그가 가는 곳마다 트럼프를 외치면서 열광하는 지지자들의 열기는 민주당의 힐러리 클린턴보다 훨씬 더 뜨거웠다는 것이 연설 현장을 찾은 중소 언론매체들의 보도다. 트럼프는 이러한 뜨거운 지지를 등에 업고 자신이야말로 백악관의 주인공이 될 수 있고, 또한 반드시 되어야 한다고 확신하고 있었다. 따라서 그는 "만약 자신이 선거에서 떨어진다면 이는 개표가 조작된 것"이라며 "패배에 불복하겠다."고 강력하게 주장하기도 했다. 그럼에도 불구하고 한국에서 우리가 접해온 뉴스는 대개가 미국 유수 언론들의 뒷이야기에 불과하다고 해도 과언이 아니었다. 워싱턴 정가의 한국 특파원들이 뉴스에 소외되고 있는 트럼프의 유세 현

대통령에 당선된 후 손을 들어 청중들에게 인사하는 도널드 트럼프

트럼프 시대 **트럼프를** 말하다

장을 찾아다니면서 취재할 리 만무하기 때문이다. 따라서 우리는 트럼프를 외면하고 있는 주류 언론들의 먹잇감이 되어 '딴나라' 이야기만 경청하고 있었던 것이다.

 실제로 트럼프는 매우 치밀하게 훈련된 연설 기법을 누구보다 훌륭하게 잘 구사하면서 청중을 매료시킬 줄 아는 그만의 연설 스타일을 가지고 있다. 트럼프는 자신이 가는 곳마다 모여들 청중의 수준을 사전에 세밀히 분석한다. 그리고 이들 청중의 수준에 걸맞은 사례나 예시로서 아주 편안하면서도 집중할 수 있는 연설을 구사한다. 이를테면, 트럼프가 구사하는 어휘는 - 대다수 대중에게 쉽게 이해될 수 있도록 하기 위해 - 정치적인 고급한 단어를 사용하거나 수사적 화려함을 뽐내기보다는 단순하면서도 일반적인 언어를 채택한다. 그 말은 즉 감정의 피드백을 통한 상호소통의 접점을 잘 만들어 나갈 줄 안다는 것이다. 그래서 현장의 청중이 조금도 지루하거나 의사소통에 어려움을 느낄 틈이 없게 만들어 버린다. 청중은 트럼프의 연설을 이해하기 위해 두 귀를 쫑긋 세울 필요가 없다. 마치 코미디언의 연기처럼 재미가 있고 그냥 읽히고 흡수되도록 하는 연설이기 때문이다.
 특히 트럼프의 연설에는 오랫동안 방송 진행을 통한 경험의 흔적들이 속속들이 녹아 있다. 때로는 웃기고 때로는 흥분시킬 줄 아는 능수능란한 연설가로서의 면모를 유감없이 보여주고 있는 것이다. 그래서 처음에는 그저 호기심으로 트럼프 연설을 경청하다가 어느새 트럼프 사람이 되어버 린다는 말이 있다.

유세 현장을 다녀온 한 미국인 친구의 말에 따르면, 처음엔 주변의 시선을 의식한 듯 주뼛거리는 눈치를 보이다가 갈수록 그의 연설에 빠지게 된다고 한다. 그러던 어느 순간 '트럼프'를 외치며 열광하게 만드는 매력을 발산하는 지도자가 바로 트럼프라는 것이다.

그럼에도 불구하고 대부분의 현지 주류 언론들은 트럼프 연설의 강한 매력을 한 번도 제대로 방영하거나 소개하지 않았다. 오히려 독설과 같은 부정적 부분만을 캐리커처(caricature)하는 경향이 있었다.

트럼프 시대 **트럼프를** 말하다

트럼프 식
미국 재건

트럼프의 국가관

트럼프가 쏟아내는 발언들을 자세히 살펴보면 그의 국가관과 세계에 대한 관점을 이해하는 데 큰 도움을 얻을 수 있다. 트럼프는 세계 최강국 미국을 대단히 약해진 나라로 인식하고 있다. 따라서 다른 나라로부터 존경받기는커녕 무시당하는 나라, 그럼에도 불구하고 다른 나라를 살찌우고 보호해 주는 '어리석은' 나라로 유세기간 내내 온몸으로 설파하였다. 그러면서 트럼프는 미국은 여전히 세계에서 가장 막강하고, 가장 막강한 나라가 될 수 있는 모든 조건을 골고루 갖춘 나라라고도 했다. 그래서 자신이 이 어리석은 나라를 올바르고 현명한 나라로 직접 바꿔 보기 위해 출마했다는 것이다.

트럼프는 2016년 4월 26일 동부 5개주(펜실베이니아주·메릴랜드주·델라웨어주·코네티컷주·로드아일랜드주) 경선을 휩쓸며 공화당 대선후보 지명에 잰 걸음으로 다가섰다. 그러고는 완전한 자신감을 가지고 다음 날 첫 정책연설을 했다. 27일 그의 정책연설 주제는 '외교안보'였고, 장소는 바로 미국의 수도 워싱턴 한복판이었다. 트럼프는 워싱턴 메이플라워 호텔에서 행한 연설에서 '미국 우선주의'로 명명한 자신의 외교정책을 발표했다. "미국을 다시 위대하게 만들겠다.", "미국을 다시 존경받게 만들겠다."는 수사학으로 포장된 그의 외교정책의 핵심에는 해외 군사개입에 대한 철저한 '고립주의'와 동맹국들에 대한 상호주의 원칙이 숨어 있었다. 미국 우선주의는 지난 3월 뉴욕타임스와 가진 인터뷰에서 기자의 질문에 처음 나온 말이었다. 트럼프는 그 자리에서 "고립주의 대신 미국 우선주의가 더 마음에 든다."면서 채택한 말이지만, 이는 '고립주의' 노선을 의미한다.

트럼프가 2011년 발간한 〈터프해져야 할 때·미국을 다시 1위로 만들자 (원제·Time to Great Tough: Making America first one Again)〉라는 저서가 있다. 이 책에서 트럼프는 "워싱턴 정치가들이 아무리 달콤한 말들을 해도 중국 지도자들은 더 이상 미국의 친구가 아니다." "오바마는 세계무대에 중국을 정당한 국가로 등장시켰다. 그러나 그 대가로 받아낸 것이 무엇인가?" "한국에는 60만~70만 명이라는 강력한 대군이 있다. 그런데 왜 아직도 우리가 2만 8000명의 미군을 계속 주둔시켜야 하는가?" "미군이 한국에 주둔하는 것이 좋은 이유라면 왜 주둔 비용을 제대로 받아내지 못하는가?"라며 목소리를 높이고 있다.

도널드 트럼프는 그 밖에도 레이건 정부 당시 국무장관이었던 조지 슐츠와 세계 각국에 파견된 미국 대사들과의 모임에서 있었던 에피소드 한 대목을 소개했다. 슐츠 장관이 세계지도 앞에 서서 대사들에게 말하기를 "당신들은 어느 나라를 대표하고 있습니까?"라고 질문을 던졌다. 그러자 대사들이 다 같이 자신들이 근무하고 있는 나라를 손가락으로 찍었다고 한다. 그러나 슐츠는 대사들에게 말하기를 "틀렸소. 그곳은 당신들의 나라가 아니오. 당신들은 미국을 대표하고 있는 것이오."라고 그들을 질책했다는 것이다. 여기서 트럼프가 특별히 이 에피소드를 소개한 것을 반추해 본다면, 트럼프 생각에는 모든 것을 미국 우선주의, 즉 미국이라는 국가 이기주의에 자신의 인식이 기반을 두고 있다는 것을 파악할 수 있다. 그리고 수많은 미국 국민들이 트럼프에게 열광하고 있는 것은 트럼프의 이렇듯 철저한 자국 이기주의 국가관에 근거하고 있는 것이다. 따라서 트럼프의 국가관이 '옳고 그름'을 떠나 현재 다수 미국인들에게는 트럼프의 국가관이야말로 그들이 절실하게 필요로 하는 것이다. 그래서 그들은 이번 대선에서 힐러리가 아니라 트럼프를 선택한 것이다.

트럼프가 읽는 미국인 정서

대부분 미국 사람들, 특히 백인들의 마음 속 한 구석에는 "미국이 1등이다." "미국은 세계에서 가장 막강하고 용감하다." "미국은 사실상 세계를 다스리고 지배하는 나라다."라는 정서가 강하게 깔려 있다. 트럼프는 그러한 절대다수 백인들의 정서를 읽고 이를 이번 대선에서 충분히 활용한 것이다. 실제로 각종 여론조사에서도 2016년 대선에서 미국인이 원하는 대통령의 첫 번째 자질은 '강력한(strong)' 대통령이 될 것이라는 인식이 지배적이었다고 한다. 그리고 수많은 미국 시민들은 트럼프의 이미지를 강력한 후보로 인식하고 있었던 것이다. 트럼프는 자본주의와 자유무역주의를 신봉한다. 그러나 그는 특히 미국과 중국 사이의 거래에서 공정함이 결여되었다는 사실을 공공연히 강조하고 있었다. 그리고 자신만이 중국은 물론, 나머지 어떤 나라와도 공정한 게임을 벌일 수 있는 '거래의 달인'임을 자랑한다.

그리고 트럼프는 자신의 저서 〈세계 각국은 자신들에게 합당한 부담을 담당해야…〉라는 책에서 이렇게 밝히고 있다. "나의 외교정책 접근 방법은 강력한 기반 위에 근거한 것이다. 힘을 기반으로 작동하는 것(Operate form Strength)" "미국과 함께하는 나라는 보상을, 그렇지 않는 나라는 처벌을…." "테디 루스벨트 대통령은 말은 부드럽게 하되 큰 몽둥이를 가지고 나아가겠다고 했다. 하지만 나 트럼프는 강하게 말하는 것을 결코 겁내지 않을 것"이라고 강조한 바 있다. 그는 이를 위해 국방예산을 늘릴 것이며 막강한 군사력을 건설하겠다고 밝혔다. 트럼프는 이어서 "국방을 위해 돈을 쓰는 일은 현명한 일"이라고 주장한다. 트럼프의 말이 '무슨 의미인가'는 초등학생들도 쉽게 이해할 수 있을 것이다.

트럼프는 이 책에서 특히 우방인 '사우디아라비아·독일·일본·한국'에 대한 미국의 방위정책을 강력하게 비판한다. 이 나라들은 모두 부유한 국가들이다. 그런데도 미국이 이들을 지켜주고 있지만 반대급부가 없다는 것이 트럼프가 주장하는 말의 핵심이다. 트럼프는 "세계 각국은 자신들에게 합당한 부담을 담보해야 할 것"을 강력하게 강조한다. 트럼프의 이런 주장과 언급은 한국 언론과 우리 국민들을 매우 분노하게 만든 가장 큰 요인이 되었다. 왜냐하면 한국은 엄연히 방위 분담금을 내고 있기 때문이다. 하지만 트럼프의 이 같은 언급을 유념하지 않으면 현재 세계가 돌아가는 모습을 잘 이해하기가 어렵다. "이라크는 미국에 아무런 위협이 되지 못하는 나라다." 이를 다시 말하면 그런 나라를 무엇 때문에 미국이 가서 지켜주고 있느냐는 것이 트럼프의 생각이다. 트럼프는 이러한 인식의 연장선상에서 한국의 미군철수까지 언급한 것이다. 더욱이 트럼프는 중국을 러시아와 함께 미국에 장기적으로 가장 큰 도전국이 될 것으로 생각하면서 "중국 경제가 미국에 의존하고 있는 데도 미국은 바보처럼 미국의 이점을 제대로 활용하지 못하고 있다."고 오바마 행정부의 유약함을 강력하게 비난했다. 따라서 많은 전문가들은 앞으로 트럼프 행정부가 중국과 강한 무역마찰을 빚을 것은 물론 심지어 무역 전쟁까지 벌일 수 있을 것으로 예상한다.

트럼프의 대선 출사표

부동산 개발사업자인 아버지와 트럼프 자신의 '비상한' 투자기술의 합작품이 큰 시너지를 내면서 큰 부를 이룩했던 것은 앞에서 이미 기술한 바 있다. 이렇듯 트럼프는 청년 시절부터 부실한 땅을 헐값에 매입하여 매력적인 땅으로 변모시켜 모래알을 금싸라기로 만드는 '도깨비 방망이'나 '미더스의 손(Midas touch)'과 같은 실력을 마음껏 발휘해 버렸다. 그리고 마침내 본격적으로 카지노 사업에 손을 대면서 거부로 등장한 뒤에, 백악관을 향한 행보를 치밀하게 내딛었던 것이다. 이때 그가 내밀히 던진 '출사표'는 마치 구밀복검(口蜜腹劍)을 연상하게 한다.

도널드 트럼프는 2015년 공화당 대선 출정식에서 "우리는 일자리만 외국에 빼앗긴 것이 아니다. 아예 산업 전체가 해외로 사라지고 있다. 미국인들은 일하고 싶어 한다. 나는 일자리를 만드는 법을 안다."며 소리 높여 주장한다. 이처럼 트럼프는 미국 유권자들의 가려운 곳을 누구보다 시원하게 긁어주는 동시에 단순하면서도 화끈하게 자신의 의견을 구체적으로 밝혔다. 그러면서 자신만이 '미국을 책임질 유일한 적임자'라는 말로 출사표의 결론을 맺고 있다.

도널드 트럼프는 대선 출사표를 위하여 마치 선거용 전단을 편집한 것처럼 느껴지는 한권의 책을 출간했다. 바로 2015년 11월15일 출간한 〈불구가 된 미국·Crippled America: How to Make America Great Again〉를 통해 자신의 강함(strength)을 미국 시민들에게 확실하게 어필했다. 따라서 이 책은 숱한 논란을 딛고 사실상 미국 공화당 대선 후보가 된 트럼프의 정치·경제적 소신을 가장 직설적으로 분명하게 설파한 '대선 출사표'라고 할 수 있다. 심각한 표정으로 표지에 등장한 그는 말만 앞세우는 정치인들이 미국을 망쳤다고 분노한다. '위대한 미국 재건'의 방책 중에는 강력한 군대와 불법 이민을 막기 위한 미국·멕시코 접경 지역의 거대한 장벽도 포함돼 있다.

심각한 표정의 얼굴 사진을 책 표지로 내세우고 그는 다음과 같이 말했다. "웃는 사진도 많다. 하지만 오늘의 미국은 도저히 웃을 수 없는 나라이므로 심각한 표정으로 표지에 등장할 수밖에 없었다."며 책의 서두를 시작했다. "그동안 미국은 지고 있었다." "이제 다시 이기기 시작해야 한다." "우리는 너무나 막강하기에 누구도 감히 미국을 건드릴 수 없는, 그래서 사용할 필요가 없는 군사력을 더 강력하게 건설해야 한다."고 역설

유세장에서 군사력 강화를 역설하고 있는 도널드 트럼프.

적으로 표현했다. 트럼프는 이 말을 유세장에서 반복적으로 강조하면서 지지자들의 열광적인 환호를 이끌어냈다. 그는 또 "정치적으로 맞는 말(politically Correct)을 함으로써 시간을 낭비하지 않겠다."고 단호하게 선언하였다.

그리고 미국인들이 공개적으로 거론하기를 꺼리는 거친 말들을 폭풍우처럼 쏟아냈다. 우선 이민문제부터 거론했다. "미국에는 적어도 1,100만 명의 불법 이민자가 살고 있으며, 실제 숫자는 아무도 모른다."면서 "자신의 국경을 지킬 수 없는 나라는 이미 나라가 아니다."고 강조한다. 그러고는 이를 확실히 막기 위해 담장을 쌓을 돈을 멕시코 정부로부터 받아내겠다고 했다. 불법 이민자들의 약 20%가 멕시코에서 범죄를 저지른 사람들이다. 트럼프가 이민자들을 강간범, 살인범으로 말한 근거가 이 책에 소상하게 담겨 있다. 이어서 그는 "멕시코 역시 남쪽의 더 가난한 나라들로부터 넘어오는 불법 이민자들의 유입을 막기 위해 담장을 쌓아놓고 있지 않느냐?"면서 상대진영의 불가논리를 적극 반박하였다.

트럼프가 간파한
언론의 속성

미디어의 '영악성'

현대 사회의 매스 미디어는 모든 것을 조작해 낼 수 있는 '도깨비 방망이'라고 말하는 사람들도 있다. 그래서 미디어와 담을 쌓고서는 아무 것도 할 수 없다는 인식이 팽배하다. 하지만 트럼프는 다르다. 그는 누구보다 미디어의 '영악성'을 혐오하고 있다. 따라서 그는 미디어의 '속물적인 근성'을 적절히 이용할 줄 아는 리더이다. 언론매체의 대중화가 우리보다 100년이나 앞선 미국 사회의 대중은 매스 미디어가 얼마나 영악하고 때로는 자신들이 알고도 속을 수밖에 없도록 만드는 교묘한 '가해자'인가를 너무나 잘 알고 있다. 그래서 대다수 미국인들은 정치가만큼이나 언론인들을 대단히 싫어한다. 이를 잘 알고 있는 트럼프는 앵커나 기자들의 독설과도 같은 질문에 조금도 기죽지 않고 오히려 그들 못지않은 독설로 응수한다. 그리고 언론인과 트럼프의 싸움에서 승리는 거의 트럼프가 차지한다. 그 이유는 미국인들이 언론인을 매우 혐오하고 불신하기 때문이다.

 이번 대선에서 뉴욕에 본부를 두고 있는 〈뉴욕타임스〉와 〈트럼프 재단〉이 서로 척을 지고 지내면서 뉴욕타임스는 가장 먼저 힐러리 클린턴을 지지한다고 밝히고 사실상 트럼프 후보의 낙마에 온갖 심혈을 기울였다. 하지만 매스컴의 영악성을 잘 알고 있는 미국인들은 우리처럼 신문이나 방송의 뉴스에 민감해하거나 일희일비하지 않는다. 게다가 뉴욕타임스는 최근 뉴스 기사 표절로 연거푸 편집국장이 책임을 지고 사임하는 불미스러운 사건들이 발생하면서 신뢰도가 예전처럼 높지 않은 것도 이 신문의 트럼프를 겨냥한 각종 기획기사들이 빛을 발하지 못한 원인이 되었다. 그리고 지난 대선에서 미국 내 주요 신문과 방송 40여 개의 주류 언론들이 다 같이 힐러리 클린턴을 지지하면서 일제히 트럼프 공격에 한목소리를 냈다. 그럼에도 불구하고 트럼프가 당선된 데는 큰 두 가지 숨은 의미가 있다. 하나는 영악한 언론매체에 대한 대중의 신뢰도가 매우 낮다는 것이고, 또 다른 하나는 다수 대중이 이미 기득권층에 대한 불신과 분노가 극에 달해 있다는 점이다.

트럼프, 언론을 농락하다

 무엇보다 트럼프는 텔레비전이나 신문에 광고비를 거의 쓰지 않는다. 그런데도 언론에 소개된 시간과 비중이 다른 어느 후보보다 훨씬 더 높다. 이는 트럼프의 발언에 대해 미국 시민들의 관심이 그만큼 높다는 말과도 같은 맥락이다. 영악한 언론들이 트럼프를 싫어하면서도 그의 '상품 가치'를 인정하기 때문에 트럼프를 인터뷰하거나 취재하지 않을 수가 없

트럼프를 반대하는 여성 유권자들

는 노릇이다. 신문이나 방송들이 트럼프를 인터뷰하거나 관련 기사를 게재하지 않으면 시청률이 떨어지고 가판대의 판매부수에 타격을 입기 때문에 트럼프를 항상 기사화하지 않을 수 없다. 이를테면, 힐러리 클린턴은 민주당 후보로 압승이 예상된 가운데서도, 16명의 후보와 경합을 벌인 트럼프가 공화당 후보가 되는 데 필요한 전당대회 대의원 숫자(매직넘버)를 힐러리보다 먼저 확보했다. 이렇듯 트럼프는 결과적으로 보이지 않는 인기를 확보하고 있었고 또한 그는 항상 긍정적이든 부정적이든 언론의 주목을 받고 있었던 것이다.

따라서 도널드 트럼프는 이렇게 언론을 마음껏 농락한다. 그는 언론에 대해 말하기를 "언론은 항상 '좋은' 기삿거리에 굶주리면서 허덕이고 있다. 좋든 나쁘든 소재가 독특할수록 대서특필을 하게 된다는 언론의 속물근성을 나는 경험을 통해 철저히 파악하고 있다."면서 "만약 당신이 조금만 색다르게 행동하거나, 용기가 뛰어나거나, 무언가 대담하고 논쟁거리가 되는 일을 하게 되면 신문이나 방송은 미친 듯이 달려와 당신의 기사를 쓰게 된다는 것을 알 것이다. 따라서 나는 일을 조금씩 색다르게 처리했으며, 논쟁이 빚어지는 것을 두려워하지 않았고, 이 때문에 내가 다소 허황돼 보이기도 했을 것이다. 하지만 나의 이런 노림수를 모르는 '멍청한' 언론들은 나를 주목하게 되고, 결국은 내 기사를 쓰지 못해 아주 안달들을 하였다."고 비웃었다. 트럼프는 또 "언론이 나를 항상 좋아한다는 얘기는 아니다. 어떤 때는 긍정적인 기사를 쓰지만 어떤 때는 날 헐뜯는 비난 기사가 나올 때도 많다. 그러나 이를 사업적인 관점에서 보면, 기사가 나가면 항상 손해보다는 이득이 많았다."고 설명한다. 이를 수치로 환산해 봐도 분명해진다. 이를테면, 〈뉴욕타임스〉에 1쪽짜리 전면 광고를 하려면 약 4만 달러(4,500만 원)가 든다. 그래도 독자들은 광고 내용은 종종 의심을 하는 경향이 있다. 하지만 〈뉴욕타임스〉가 트럼프의 사업에 관해 다소 호의적인 기사를 단 한 줄이라도 쓰면 돈 한 푼 안 들고 그 효과는 4만 달러 이상이 된다는 것이 트럼프의 주장이다.

부끄러운 언론의 민낯

필자도 오랫동안 기자로 일해 온 만큼, 순혈주의 기자 정신은 존중하고 있다. 하지만 매스컴의 오만방자함과 일방적인 짜맞추기식 경쟁에 대해서는 경멸한다. 그리고 미국에서 지켜본 네 번의 대통령선거를 통해 직·

간접적으로 소속 매체를 지원하면서 워싱턴을 여러 차례 다녀온 적이 있다. 나는 본래 정치부 기자가 아니기 때문에 솔직히 워싱턴 정가를 깊이 이해하지는 못하고 있다. 하지만 워싱턴 정가를 이해하는 것과 미국 사회를 이해하는 것은 별개다. 따라서 미국의 뉴욕에서 오래 살다보면 오히려 워싱턴 정가의 사람들보다 더 객관적으로 미국을 보고 이해하게 된다. 게다가 필자는 〈뉴욕 한민족포럼재단〉에서 연구위원 및 사무국장을 10여 년간 지내면서 한국인 교포 사회를 돕기 위해 미국을 이해하지 않을 수 없는 입장이었다. 참고로 〈뉴욕한민족포럼재단〉은 학술재단으로서, 그 설립 취지가 바로 해외한민족의 지위를 향상시키고 지원하는 데 있다. 그래서 필자는 더욱더 미국의 시민사회를 연구하고 이해하는 데 많은 시간을 들여 공부했다. 하지만 워싱턴 정가의 정치부 기자들은 정치적 프레임(frame)에 갇혀 지내야 하는 한계로 인해 실제로 정치문제 외에는 별로 관심이 없다. 그리고 이번 미국 대선에서 보인 미국 내 미디어들의 행태는 완전히 객관성을 상실한 '멍청이'들이라고 말할 수 있다. 그들은 다 같이 힐러리 클린턴을 지지하면서 트럼프를 죽이는 데만 급급했다. 그 결과 미국의 민심을 객관적으로 이해하고 보도하려는 언론인 특유의 '이성'을 상실하고 말았다. 게다가 한국의 언론이야 당연히 덩달아 춤추는 꼴이 되고 만 것이다.

미국 언론 매체들의 편향된 보도로 인해 한국에서 트럼프를 보도하는 언론들의 태도와 방식도 매우 잘못되었다. 한마디로 한국 언론들은 미국의 대다수 언론들이 마음에 들지 않는다며 트럼프를 깔아뭉개고 깎아내리려고 혈안이 된 보도 내용을 그대로 퍼 나르는 역할만 수행했다고 할 수 있다. 따라서 한국 사람들은 자연히 트럼프를 '괴짜', '망나니', '막말쟁이', '얼간이' 심지어 '정신병자'처럼 인식하도록 만들어버렸던 것이다. 그래서 '트럼프 당선 확실'이라는 소식을 접하고 나서 대부분 사람들이 '멘붕'에 빠지고 말았던 것이다.

만약 미국 언론들이 보도한 그러한 인식이 옳다면 162년 전통을 가진 전 세계 보수정당의 맏형이라고 부를 수 있는 미국 공화당의 후보로 정신병자 트럼프를 선출한 미국인들도 트럼프와 같은 정신병자들이란 말인가? 게다가 그토록 트럼프를 낙마시키려고 '미쳐' 날뛰었는데도 불구하고 그가 공화당 후보로 확정되는 것을 막지 못했고, 나아가 미국의 대통령이 되는 것도 막지 못한 것을 두고 '미국의 주류 언론과 기성 정치가들은 도대체 무어라고 답할 것'인지 궁금하다.

우리가 모르는 '트럼프 현상'

'트럼프 현상(Trump Phenomena)' 즉, 트럼프의 인기에는 매우 중대한 '숨은 의미'가 담겨져 있다. 실제로 이번 미국 대선에서 주류사회의 목소리는 90% 이상이 힐러리 클린턴을 지지했고, 또한 힐러리가 당선될 것으로 확신하고 있었다. 그럼에도 불구하고 그런 예상을 뒤엎고 트럼프가 당선된 것에 대해 미국 현지에서는 주류질서에 대한 시민사회의 반발이라고 보는 견해가 지배적이다. 각종 언론이나 여론조사 전문기관들의 발표로는 힐러리가 이기고 있음에도 불구하고 물밑에서는 보이지 않는 트럼프 지지율이 계속 확산되고 있었다. 이는 침묵하고 있는 다수의 지지자들이 트럼프의 파격적인 행보에 소리 없이 지지를 보내고 있었던 것이다. 다수 백인들은 차마 자신들이 스스로 드러내기 힘든 '속살'을 트럼프가 너무나 시원하게 발가벗고 나와 보여주고 외쳐주었기 때문이다. 트럼프에 열광하는 '트럼프 현상'은 한국과 같은 언론 환경에서는 정확히 그 '코드'를 짚어내기가 어려웠다. 그리고 대부분 한국 언론이 자신들의 입맛에 맞춰 미국의 매체들로부터 쏟아져 나오는 이야기를 리메이크하기가 바빴고 그 진실을 들여다볼 의지나 여유도 없었을 것이다. 그러나 한국 언론들도 분명 항변할 뭔가는 있을 것이다. 미국을 깊이 연구하고 이해할 수 있는 지원이 턱없이 부족하다고.

필자는 지난해 여름 동안 미국에서 지내면서 정치와 각종 시사문제에 해박한 유대계-미국인 치과의사인 친구 아담(Adam)과 뉴욕의 한 커피숍에서 장시간 토론을 한 적이 있었다. 그때만 해도 나는 트럼프의 세련되지 못한 언어와 좀 얄궂게(nastily) 생긴 모습에 선입견을 가지고 있었다. 그래서 나는 무심코 그 친구에게 다음과 같은 말을 건넸다. "관상은 동양 문화의 산물인데 아이러니컬하게도 링컨 대통령이 말하기를 '인생 40이면 자기 얼굴에 대한 책임을 지라'고 했다."면서 당시 공화당 후보로 대선 출마를 선언한 트럼프에 대한 내 의견을 솔직하게 드러냈다. 그리고 나는 사람은 그 모습이 그의 인생 역정(life story)을 말하는 것 아니냐며 얼굴부터 미국을 대표할 자격이 없는 것 같다고 말했다. 그러자 친구 아담은 잠시 숨을 고르더니 맞받았다. "하느님은 외모로 사람을 보지 않으시고 그 사람의 중심을 본다고 했다."고 하면서 "오스카(필자의 미국명) 너는 크리스천이잖아?"라는 한 마디에 나는 그가 다음에 무엇을 말할 것이라는 것을 충분히 짐작할 수 있었다.

미국 대선, 힐러리와 트럼프. "악마(devil)를 뽑을 것인가, 마왕(Satan)을 뽑을 것인가?

　아담은 "현재 미국에서는 그것이 옳든 그르든, 싫든 좋든 '트럼프 현상'
이라는 게 존재하고 있다."고 서두를 꺼냈다. 그 자신도 이러한 현상을 싫
어하지만 이는 부정할 수 없는 미국의 현실이라고 말했다. 그리고 트럼프
가 당선되면 이런 현상이 어쩌면 전 세계, 특히 유럽으로 확산될지도 모
른다고 주장했다. '트럼프 현상'은 실제로 지난해 중순부터 불기 시작했
으며, 그 현상이 어쩌면 트럼프를 백악관으로 입성시키는 원동력이 됐던
것이라고 설명했다. 그러면서 트럼프 현상이 조금 걱정되는 것은 무엇보
다 미국 내부가 안고 있는 문제점에서 비롯된 것이다. 그러므로 전 세계
에 미칠 긍정적 영향보다는 부정적 면이 더 클 것이라고 진단했다. 이어
서 트럼프 현상의 중심에는 다음과 같은 미국적인 '병폐'들이 내재해 있

트럼프 시대 **트럼프**를 말하다

다고 전했다. 그는 또 힐러리 클린턴도 마찬가지로 차선이 아니라 차악이라고 평가했다. 그는 현재 미국에서는 힐러리와 트럼프 두 후보자에게 쏠리는 시선은 매우 '비호감(Unlikeable)'이라면서, 흔히 사람들은 "악마(devil)를 뽑을 것인가, 아니면 사탄(Satan)을 뽑을 것인가?"라는 말을 할 정도라고 한다. 그러고는 미국 내 다수 백인들은 두 후보를 모두 싫어하고 있다고 힘주어 말했다. 나는 그의 말을 들으면서 현지 미국인들의 혼란스러운 정서를 나름 읽을 수 있었다. 그리고 미국에서 지난해(2015년) 여름부터 불고 있는 '트럼프 현상'은 일시적인 거품이 아니라 당분간 계속될 것이라고 보는 친구의 견해에 공감할 수 있었다. 이 현상은 어쩌면 우리 한국에도 적지 않은 영향을 미칠 수 있을 것이라고 생각했다.

티파티 운동(Tea Party Movement)

티파티 운동은 2009년 미국의 주요 길거리 시위에서 시작한 보수주의 성향의 정치운동을 말한다. 티파티 운동이라는 이름은 미국 독립운동 당시 영국 정부가 일방적으로 부과한 세금에 격분한 보스턴 시민들이 보스턴 항구에 정박해 있던 영국 상선의 홍차를 바다에 내던지고 배를 불태워버린 1773년의 사건을 지칭하는 말이다. 현대 미국 내에서 불고 있는 티파티 운동은 차(Tea)에 대한 세금을 부과할 때 반대하고 일어선 미국 독립운동 당시 '보스턴 차사건'의 정신을 계승하자는 데서 비롯된 것이다. 그리고 이들은 2009년부터 길거리에 나서 이 운동을 벌이면서 미국 정치사에 이름을 올리게 되었다.

미국 역사에서 아이러니컬하게도 길거리 운동은 일종의 을(乙)의 운동으로서 본래 민주당의 전유물이나 다름이 없었다. 그런데 최근 티파티 운동을 중심으로 갑과 을이 뒤바뀐 형국이 된 것이다. 티파티 운동이 새로운 의미를 가지게 된 것은 CNBC 기자 릭 샌텔리(Rick Santelli)가 2009년 2월 19일 자신의 뉴스 쇼에서 오바마 정부의 방대한 재정적자를 비판하고 주택금융시장 구제안을 반대하는 운동을 제안하면서 시작되었다. 그리고 주로 민주당의 정책에 반대하는 입장을 취해오면서 전국 단체를 포괄하는 대규모 시민운동으로 자리를 잡아왔다. 티파티 운동 초기인 2010년 5월 미국의 대표적인 전국 일간지 유에스에이 투데이(USA Today)가 실시한 여론조사에 따르면 티파티 운동의 지지자 78%가 공화당원이며, 77%가 백인, 69%가 보수주의자인 것으로 드러났다. 따라서 티파티 운동의 지지자들이 공화당 지지자일 가능성은 무려 86%에 이르며, 보수주의자일 확률 역시 85%가 되는 것으로 집계되고 있다.

그 밖에도 이 운동은 최근 미국의 북부 자동차 공업지역을 비롯하여 중남부지역의 공장지역이 외국상품, 특히 중국제품(made-in China)에 점령당해 문을 닫아야 했다. 흑인들의 경우는 경비원이나 점원의 일자리를 스패니시(히스패닉 계)에게 빼앗기고 있는 데 대한 불만으로 더욱 거세게 확산되고 있다. 이들은 자연히 경제·사회적 약자들로 서러움을 당하고 있다고 생각한다. 그리고 이들을 대표하는 목소리가 바로 '티파티 운동(Tea party movement)'으로 나타나고 있는 것이다. 그렇다고 티파티 운동의 구성원들이 전적으로 공화당을 지지하는 사람들만은 아니다. 이 운동은 정치 단체가 아니기 때문이다. 이들은 기존 보수주의 재포장이 아니라 정부예산 감축을 목표로 미국을 다시 살리자는 새로운 보수주의 성향의 시민사회운동으로 이해하는 것이 타당하다. 하지만 이번 미국 대통령선거에서 티파티 운동의 지지자들은 당연히 트럼프의 정책에 힘을 보태며 트럼프를 선택할 수밖에 없는 입장이었다.

제45대 미국 대통령선거에서 트럼프를 지지한 티파티 운동원들은 거의가 저소득 계층인 백인들로 농촌에서 농산물을 운송하거나 건축 일을 하는 소외계층 사람들이 많았다. 그리고 이들 구성원 중에서 실질적 파워를 행사하는 사람들은 바로 군인 출신들이 대부분이다. 한국에서 주둔하는 미군들도 마찬가지지만 대부분의 미국 일반 군인들은 저소득층 자녀들이 많다. 따라서 이들은 군대를 다녀오면 교육을 비롯하여 많은 혜택을 누릴 수 있으므로 대부분 고등학교 정도를 마치고 군에 입대를 하여 돈을 번다. 그뿐만 아니라 기술도 습득하여 사회에 진출하는 사람들이다. 그리고 직접 전투현장에서 피를 흘리면서 조국을 위해 희생하고 봉사했다는 자부심을 가지고 있다. 한편 그들은 애국심은 물론, 퇴역군인 모임에서도 상당한 파워를 행사한다. 여러 가지 면에서 다른 점이 있지만 '애국심'과 '자부심'만은 마치 우리나라의 '해병전우회'를 생각하면 쉽게 이해가 될 수 있을 것이다.

실제로 미군은 구성원들 대부분이 조국을 위해 봉사하면서 피를 흘리고 희생을 했다고 생각하는 사람들이다. 그럼에도 불구하고 이들이 미국 내에서는 많이 배우지 못한 사회·경제적 약자들로 취급받고 있는 것에 큰 불만을 가지고 있다. 따라서 이와 같은 배경을 볼 때 티파티의 수많은 구성원들이 바로 백인사회 내의 '불만세력'이라고 해도 틀린 말은 아니다. 이들은 자신들이 국가사회로부터 소외당하는 원인을 오바마 행정부의 핵심정책 중 하나였던 '메디케어(Medical Care)'와 같은 선심성 정책이나 불법체류자 눈감아 주기, 그리고 이민자 양산, 한국과 일본, 유럽 등 전통 우방에 대한 안보 혜택, 중국의 무역 특혜, 종교의 자유를 가장한 이슬람에 대한 애매모호한 국가 정책 때문이라며 강력히 비난하고 있다. 그 밖에도 이러한 '잘못된' 정책들 때문에 미국이 약화되고 있으며, 더불어 자신들이 소외를 당하고 있다고 분개하는 세력들이다. 그래서 그들이 이번 대선에서 트럼프를 적극 지지하고 나설 수밖에 없는 것은 너무나 당연한 일이다.

그리고 티파티 운동은 사실상 정치체제와는 크게 관련이 없는 집단이다. 따라서 심정적으로는 티파티 운동의 구성원이지만 직접 나서지 않는 사람들도 많았다. 왜냐하면 티파티 운동이 그동안 언론과 진보진영으로부터 인종차별 활동이라는 비판을 받고 있었기 때문이다. 실제로 현지에서 회자됐던 이야기로는 티파티 운동에 대한 언론의 '차별'이 두려워 공식적인 모임에 나가지 않는 사람들이 상당히 많았다는 것이다. 하지만 작년 대선기간에 공화당 후보인 트럼프 대통령 연설회의 참가자는 대부분이 바로 그와 같은 사람들로 구성되고 있었던 것이다. 따라서 '의식 있는' 많은 미국 사람들은 이를 두고 21세기형 '미국병'의 하나라고도 지적하는 이유이기도 하다.

글로벌 테러에 화난 민심

지난 대선에서 '테러(terror)'도 트럼프의 인기를 끌어올리는 가장 큰 원인 중 하나로 꼽힌다. 2015년 12월 2일 캘리포니아 주 샌버너디노 시

트럼프 시대 **트럼프를** 말하다

트럼프를 맹공하는 오바마 대통령

에서 14명의 시민이 희생당한 대형 총기사건이 발생했다. 범인 3명 가운데 한 명이 파키스탄계 무슬림이었고 또 다른 한 명은 그의 아내로 밝혀졌다. 이와 관련해 미국인들 중 대부분은 가까운 시일 내 미국에서 테러가 일어날 것으로 판단하고 있다. 실제로 이 사건 후 미국의 유명 매체인 CBS의 여론조사는 미국인의 약 80%가 머지않은 시일에 큰 테러가 일어날 것이라고 응답했다. 그리고 이들 응답자 중 90%는 자생적 테러리스트들에 의해 자신들의 타운이 공격을 받을지도 모른다고 걱정한 것으로 조사됐다. 그러나 당시 미합중국 대통령 오바마는 테러라는 말을 극도로 삼가면서 무슬림과의 충돌을 애써 피하려고 노력했다. 하지만 트럼프는 즉시 이러한 오바마 대통령의 소극적인 태도를 강력 비난하면서 미국 내 이슬람교도들을 전부 등록제로 특별 관리해야 한다고 주장했다. 심지어 미군으로 일하는 무슬림조차 특별 관리를 해야 한다고 강조했다. 그러자 언론매체들은 일제히 트럼프를 비난하고 나섰다. 하지만 국민들은 거의가 오바마 정부의 애매모호한 자세에 커다란 불만을 터뜨리면서 트럼프 후보를 지지하고 나선 것이다. 따라서 테러의 위협이 상존하는 미국의 현실에서 트럼프의 인기는 자동적으로 올라가게 되어 있었던 것이다.

테러의 위협이 작년의 미국 대통령선거에서 트럼프를 위해 한몫했다는 사실을 뒷받침하는 사실은 이뿐만이 아니다. 오바마가 집권하는 동안 IS(Islamic State·이슬람 국가)에 대해서도 단호한 대책을 세우지 못했던 점도 있다. 오바마는 IS의 잔혹함에도 피를 흘리는 전투에 미군을 파견하는 일은 더 이상 없을 것이라고 강조했다. 그러나 트럼프는 미군을 보내 완전히 쓸어버리겠다고 외친다. 그리고 이슬람교도들의 미국 내 출입을 전면 금지하고 이슬람 사원에다 감시 비디오를 설치해야 한다고까지 주장했다. 그야말로 엄청난 막말이지만 유세 현장에 나온 미국인들은 오히려 트럼프에게 환호하고 USA를 연호하며 '미친 듯이' 뜨거운 갈채를 보냈다. 그런 트럼프의 발언에 항의를 하던 한 이슬람 여성은 다른 참가자(티파티 운동원)들의 야유와 함께 처참하게 쫓겨나고 만다. 한마디로 트럼프의 유세 현장은 기득권 세력에 반대하는 '화이트 앵그리(White Angry)'들이 주류를 이루고 있었던 것이다.

변화를 기대하는 백인 중산층

지난 미국 대선 결과에 대해, 변화를 기대한 중산층 백인들의 열망이 트럼프 대통령 당선의 일등 공신이라는 분석이 지배적이다. BBC방송은 트럼프의 트위터 전략·전술 몇 가지를 소개하고 있다. 첫째는 '정중함 같은 것은 개의치 마라'이다. 트럼프의 막말을 대부분 유치하다고 말하고 있으나 트럼프 지지자들은 그의 욕설을 오히려 즐기면서 기존의 정치세력들을 조롱하고 있다. 〈뉴욕 타임스〉에 따르면 트럼프는 공화당 대선후보 출마 이후 당선까지 특정 인물과 장소에 대해 무려 수백 차례나 욕설을 퍼부었다고 특집 보도했다. 그런데도 트럼프 인기가 식기는커녕 올라가는 것은 변화를 기대하는 백인 중산층이 이를 뒷받침하고 있었던 것으로 거의 모든 언론사가 분석했다.

둘째는 '일관성 따위는 전혀 걱정하지 마라'이다. 앞서 지적한 것처럼 트럼프는 거친 표현을 조금도 꺼려하지 않는다. 하지만 반대로 상대방의 거친 말은 즉각 반박한다. 트럼프는 자신이 주장하는 미국·멕시코 사이의 국경지역에 담장을 설치하겠다는 데 대해 비판하는 빈센트 폭스 전 멕시코 대통령에 대해 오히려 강도 높게 비난했다. 그는 트위터에서 "멕시코 전 대통령 빈센트 폭스가 미국·멕시코 사이의 담장을 토론할 때 끔찍하고도 거친 욕설을 사용했다. 그는 반드시 사과해야 한다. 만약 내가 그랬다면 난리가 났을 것이다."라고 천연덕스럽게 말했다. 자가당착의 극치를 보여주는 장면이었다.

마지막으로, 트럼프는 '백인 우월주의자들의 말을 리트윗하라.'는 것이다. 선거가 임박한 2016년 10월 트럼프는 인종주의와 반유대주의 자료들로 가득 찬 '백인집단학살 티엠(TM)' 이라는 계정을 리트윗했다. 당시 경선에서 사퇴한 공화당 주류의 대표 후보인 젭 부시를 모욕하기 위해서였다. 그가 리트윗한 내용은 부시가 트럼프의 빌딩인 트럼프 타워 앞에서 '트럼프에게 투표하라.'는 플래카드를 들고 서 있는 패러디(Parody) 사진과 '불쌍한 젭, 어느 날 그를 트럼프 타워 밖에서 볼 수 있을 것이라고 확신한다.'는 내용을 담은 글이었다.

기득권 정치에 대한 혐오감

많은 정치 전문가들은 이번에 흔히 '정치 이단아'라고 부르는 도널드 트럼프가 미국 대통령으로 당선된 것을 두고 매우 심각한 사건이라고 규정했다. 그러면서 거의 다수가 미국과 국제사회의 미래를 걱정하고 있다.

'대선 승리 감사 투어'의 종착지인 앨라배마주의 모빌에서, 트럼프 당선에 환호하는 지지자들

이는 1980년대 이래 '레이거노믹스'로 알려진 신자유주의 경제체제와 세계화가 만들어낸 큰 변화를 반영하는 정치현상으로 규정하는 경향 때문이다. 더욱이 트럼프의 등장이 불길한 이유는 2008년 세계 금융위기 등 기득권층이 기반을 이루고 있는 기존의 정치와 경제 질서에 대한 여러 가지 경제 환경의 변화에 배경을 두고 있어서다. 따라서 이번 트럼프 현상도 사회·경제적 변화가 만들어낸 정치적 변화를 반영한 것이라고 평가하는 전문가들이 많았다. 이를테면, 트럼프의 당선은 영국의 유럽연합 탈퇴(브렉시트·Brexit)와 같은 세계적인 흐름과 변화에서 이해될 수 있다고 본다. 곧 이는 결과적으로 자국 이기주의가 그 바탕을 형성하고 있기 때문이라는 것이다. 따라서 일차적 책임은 구태를 벗어나지 못한 기득권 정치인에게 찾을 수 있다고 본다.

이러한 백인 중산층의 기득권 정치에 대한 거부감을 미국 현지에서 뒷받침하는 사람이 바로 마이클 무어다. 다큐멘터리 영화감독으로 유명한 미국의 마이클 무어 감독은 지난 7월 23일자 허핑턴포스트에 기고한 글에서 "이 천박하고 무지하며 위험한 파트타임 광대이자 풀타임 반사회적 인격 장애자 트럼프가 승리할 것"이라고 예측했다. 그러면서 그 승리의 이유로 "막말과 기행을 일삼는 한 '얼간이'가 미국 대통령으로 당선될 수밖에 없는 이유는 광적인 백인 중산층으로 구성된 트럼프 지지자들 때문이다. 이들은 무엇보다 워싱턴 정가의 기득권 정치에 깊은 분노와 실망을 넘어 혐오감을 가지고 있어서다."라고 지적했다. 이는 실제 기득권층 이익에 안주하는 워싱턴 정가에 대한 반감과 불만은 80년대 중후반 이후 지속적으로 제기되면서 증가해 오고 있는 것과 같은 맥락이다. 무어는 또한 이들 백인 중산층은 민주당과 공화당을 불문하고 기존 정치권에 대한 혐오감을 강하게 드러내고 있는데, 이런 현상이 트럼프의 등장에 지대한 영향을 미쳤다는 것이다.

트럼프 시대 **트럼프를** 말하다

트럼프의
주요 승리 요인들

　미국 내 정치 전문가들은 도널드 트럼프가 당초 예상을 깨고 제45대 미국 대통령에 당선될 수 있었던 가장 큰 이유는 '주류질서에 대한 미국인들의 반발'이 가장 큰 요인으로 작용한 것으로 본다. 따라서 필자는 여기서 주류질서에 대한 반발 요인으로 어떤 것들이 있었는지를 좀 더 구체적으로 짚어보고자 한다. 이와 같은 맥락에서 CNN방송이 지난 11월 10일 발표한 '트럼프가 당선된 24가지 이유'도 이를 아주 잘 뒷받침하고 있다. 이 중에서 특별히 눈여겨 볼만한 중요한 내용을 종합해 보면 대략 7가지 정도로 요약할 수 있다.

　〈백인 남성들의 분노〉 트럼프의 승리를 견인한 핵심 세력은 백인 남성들이었다. 이들은 여성 대통령 탄생 가능성, 소수 인종 비율 급증 등으로 자신들의 사회적 입지에 위기감을 느끼고 트럼프 대통령 후보에게 표

공화당(붉은색)과 민주당(푸른색)의 우세지역

를 몰아주었다.

〈백인 여성들의 선택〉 여성비하 발언에도 불구하고 백인 여성들이 트럼프를 선택한 것은 명분보다 실리를 원했다.

〈좌파, 엘리트층의 자만〉 진보 진영과 엘리트층은 트럼프 지지가 이념적으로 수치스러운 일이라고 비판한다. 그러나 유권자 대다수는 인종, 성차별, 외국인 혐오 논란에 개의치 않고 자신들의 실리를 추구하기 위해 아웃사이더 도널드 트럼프를 선택했던 것이다.

〈민주당 기득권 세력의 실패〉 민주당 기득권층은 청년, 백인 고학력층인 주류사회가 힐러리를 선택하자 이는 대선 핵심 쟁점인 경제 불평등, 정치개혁을 등한시한다는 반감이 작용했다.

〈레이거노믹스 염원〉 중서부와 경합주 미시간 주에서 '레이건 데모크랫' 현상이 다시 대두되었다. 이 지역은 민주당 성향이 강하지만 불황의 늪에 빠져 신음하던 백인 노동자들은 과거 공화당 대통령 후보에 로널드 레이건을 지지한 것처럼 트럼프를 선택한 것이다.

〈국민의 목소리를 직시한 트럼프〉 트럼프는 기성 정치로부터 소외됐다고 생각하는 민심을 듣고 충실하게 이들을 대변했다. 따라서 기득권에 대한 반감이 심한 유권자들이 자연히 트럼프에게 표를 던지지 않을 수 없었다.

〈언론에 대한 불신〉 미국 시민들은 언론에 대한 신뢰도가 높지 않다. 그런데 모든 언론들이 힐러리 클린턴 지지를 공식적으로 선언하고 트럼프를 공격한 데 대한 반감도 크게 작용한 것이다.

미국 내의 유리천장

지난 미국 대선에서 트럼프가 당선된 데는 '유리천장'의 효과가 작용했다는 주장도 있다. 트럼프 대항 후보가 여성인 힐러리 클린턴이었기 때문이다. 미국에서 흔히 사용되고 있는 '글라스 실링(유리천장·Glass ceiligng)'이란 말은 미국의 경제 전문 일간지 월스트리트 저널에서 1970년에 만든 경제학 용어다. 이 말은 충분한 능력을 갖춘 사람이 직장 내 '성차별'이나 '인종차별' 등의 이유로 고위직을 맡지 못하는 상황을 비유적으로 이르는 말이다. 이는 많은 사람들이 유리천장을 하나의 시회적 현상으로서 받아들이고 있는 것과는 별개로 유리천장의 실존 여부는 여전히 끊임없이 논란의 대상이 되고 있다.

하지만 이번 미국 제45대 대선에서 미국 역사상 최초로 여성 대통령이 되리라고 점쳐졌던 힐러리 클린턴이 예상과 달리 패배함으로써, 여성후보인 힐러리 자신이 여성과 '유리천장'을 특별히 언급해 눈길을 끌었다. 힐러리는 대선 패배 후 "모든 여성, 특히 자신들의 믿음을 제게 보여줬던 젊은 여성들에게"라는 말로 "당신들의 지지만큼이나 나를 자랑스럽게 한 것은 없었다."며 "언젠가 곧 누군가가 '유리천장'을 깨길 바란다."며 침통한 표정으로 고별 연설을 했다. 강력한 대통령 당선 후보자였던 힐러리가 자신 앞에 가로놓였던 유리천장을 스스로 깨지 못했음을 직접 인정했던 것이다.

미국의 선거판에서 존재하는 '유리천장'은 비단 여성들만을 가로막는 것이 아니다. 눈에 보이지 않는 유리천장은 미국이라는 자유민주주 국가에서도 곳곳에서 존재하고 있다. 한국계 미국인인 김창준 씨가 1992년에 새로 형성된 캘리포니아 주 제41선거구에서 공화당 후보로 출마해 미국 하원에 당선되어 최초의 아시아계 이민자 미연방하원의원이 되었다. 이후 내리 3선을 하고 1999년 예비선거에서 낙선한 후 2000년에 42선거구에서 4선에 출마했으나 예비선거에서 아쉽게 패배했다. 그 당시 김창준 씨는 선거자금 관련 조사를 받아 결과적으로 23만 달러(2억 5,000만 원)의 불법선거자금에 대한 유죄판결을 받았다.

당시 이 조사에 대해서도 미국 내 한국인들 사이에서 뒷말이 무성했다. 김창준 씨가 워낙 인품이 뛰어나고 인기가 있어 4선에 당선되면 다음에는 연방 상원에 도전할 것에 대비해 미국 내 '보이지 않는 손'이 작동한 것이라고 했다. 이 경우가 바로 미국 내에 존재하는 유색인종에 대한 '유리천장'이라는 것이다. 실제로 유색인종에 대한 유리천장의 사례는 수없이 많다. 이를테면, 2016년 현재 미국 내 인구 분포를 보면 백인은 63% 정도에 불과하다. 그런데도 40%에 달하는 유색인은 대기업의 102명의 최고경영자(CEO) 가운데 고작 8명뿐이다. 연방 상원의원 100명 가운데서도 유색인은 2~3명에 불과하다. 이렇게 유리천장의 존재를 충분히 짐작할 수 있다.

복음주의 기도교인들의 높은 지지율

또한, 이번 대선에서는 미국 내 복음주의(Evangelical) 기독교인 81%가 트럼프를 찍은 것으로 밝혀졌다. 역대 미국 대통령선거에서 복음주의 기독교인들은 전통적으로 공화당 후보를 지지해왔다. 이번에는 어느 대선 때보다 더 높은 지지를 보여 눈길을 끌었다. 복음주의 기독교인들은 지난 2004년 대선에서 조지 W. 부시 대통령에게도 78%의 높은 지지를 보냈다. 성경의 절대 권위를 인정하고 기도와 성경묵상 등 경건한 생활을 중시하며 예수를 믿어야 구원을 받는다고 믿는 복음주의 기독교인들이 이번 트럼프 후보자에게는 부시보다 무려 3%포인트나 더 높은 81%의 지지를 보냈다. 이는 매우 새롭고 중대한 의미를 시사한다. 결혼을 세 번이나 하고 카지노라는 도박 사업을 해서 재산을 축적하고, 또한 공개적으로 성추행을 언급한 비디오 등을 확인하면서 자신들의 가치와 맞지 않는 트럼프에게는 전통적 공화당 지지단체인 복음주의 기독교인들의 지지율이 높지 않을 것으로 예상되었다.

기독교 복음주의, 근본주의, 개혁주의란?

참고로 미국은 청교도(개신교) 정신을 바탕으로 건립된 국가이다. 미국의 역사는 영국의 부패한 구교(가톨릭)에 대항해 싸우다가 신대륙을 찾아 1620년 12월에 '메이 플라워(May flower)'호를 타고 상륙한 필그림이 세운 '플리머스 콜로니(Plymouth Colony)'가 미국의 시작이다. 이들의 목표는 새로운 청교도 국가 건설이었다. 당시 미국을 개신교를 국교로 하는 나라로 만들려 했다. 하지만 영국으로부터 독립할 당시 종교의 자유를 부르짖는 독립운동가들의 반대에 부딪혀 결국 미국 헌법은 종교의 자유를 보장하게 되었고, 이후 많은 이민자들이 미국에 들어오면서 더욱더 종교의 자유를 보장할 수밖에 없게 된 것이다. 그리고 미국 북동부지역을 중심으로 한 뉴잉글랜드(영국으로부터 독립할 당시 16개주를 이름)로 나라가 확대될 당시는 거의 개신교 국가로 출발을 했다. 하지만 개신교로 세워진 나라가 2014년 현재 미국의 퓨 리서치센터가 조사한 바에 따르면 개신교의 인구비율은 46.5%로 전체 인구의 과반수에 못 미친다. 그리고 매년 개신교 인구가 1%가량 줄어들고 있는 것으로 조사되고 있다. 이들 개신교는 다시 복음주의, 근본주의, 개혁주의로도 나뉜다. 이번에 트럼프를 지지한 복음주의는 미국 내 개신교 중에서 다수를 차지하는 55%에 이르고 있어, 이는 미국 전체 인구의 약 25%를 차지하고 있다. 이 복음주의는 17세기 이후 독일에서 루터교회의 죽은 전통에 대한 불만을 가지고 생긴 경건주의 운동에서 파생된 것이다. 그리고 근본주의(Chirstian fundamentalism)가 20세기 초 미국에서 보수적 복음주의 신학자들이 18세기 계몽주의의 영향을 받아 등장한 자유주의 신학(Liberal Theology)에 대한 반동으로 생긴 신학운동이라고 한다면, 개혁주의(Reformed Church·개혁 교회)는 바울(Paul), 어거스틴을 거쳐 16세기 캘빈에 의해 체계화된 종교 사상운동이다. 복음주의가 경건함을 강조하고, 근본주의가 근본교리들(성경의 무오류성, 그리스도의 신성, 동정녀의 탄생, 대속교리, 그리스도의 부활과 재림)을 주장하면서 하느님의 영광보다 인간의 구원을 더 강조한다면, 개혁주의는 하느님의 주권을 강조하고, 이 근본원리에 따라 모든 문제(정치, 경제, 사회, 문화, 예술, 신학)를 풀어나가려고 노력한다는 점이 다르다고 할 수 있다.

그런데도 미국 전체 인구의 25%에 달하는 그들의 표가 몰렸다는 것은 또 다른 큰 의미를 가지고 있다. 무엇보다 트럼프는 복음주의 기독교인들이 적극 반대하는 낙태를 까다롭게 만드는 법을 제정한 복음주의자 마이크 펜스 인디애나 주지사를 러닝메이트로 선택했다. 그리고 그를 통해 낙태를 반대하는 친생명 입장을 취하는 복음주의 기독교인들의 지지를 얻어내는 데 성공했다. 특히 지난 3차 대선 TV토론에서 민주당의 힐러리 클린턴 후보가 낙태할 수 있는 여성의 권리를 강조하면서 임신 말기 낙태까지 찬성한다고 밝히자 트럼프는 그것은 끔찍한 일이라며 임신 말기 낙태를 절대로 반대한다고 밝혔다. 트럼프는 앞서 공화당 경선에서도 자신이 대통령이 되면 연방대법관을 임명할 때 모든 낙태를 반대하고 종교의 자유를 지지하는 보수적인 판사들을 임명하겠다고 주장했다. 그리고 오바마 행정부가 성전환자들의 권리보호를 위해 공립학교에서 성전환자들이 스스로 선택한 성에 따라 화장실과 탈의실을 사용할 수 있도록 하라는 행정부 지침을 내렸는데, 트럼프는 이런 오바마 행정부의 지침을 폐기할 것이라고 밝혀 복음주의들의 호응과 지지를 얻어내기도 했다. 자신이 기독교인인 트럼프는 대선 승리 후인 13일에도 CBS와 가진 인터뷰에서 친생명의 입장에서 연방대법관을 임명할 것이라고 밝혀 매스컴의 관심을 끌었다.

중국산 수입품에 대한 반감

도널드 트럼프가 미국 대통령에 당선되도록 도운 일등공신은 중국이라는 연구결과도 있다. 월스트리트저널은 2016년 11월 24일 데이비드 오토 매사추세츠 공대 교수, 데이비드 돈 취리히대 교수, 고든 핸슨 UC 샌디에이고 교수 등의 논문을 토대로 "중국으로부터 수입품이 크게 늘어난 지역일수록 트럼프의 득표율이 높았다."면서 "중국산 수입품 증가율이 50%만 낮았어도 힐러리 클린턴이 미국 대통령으로 당선되어 백악관에 입성했을 것"이라고 분석했다.

이들은 논문에서 카운티(County·주보다 작고 시보다 큰 행정구역)별

117

로 지난 2000년 공화당 조지 W. 부시 전 대통령의 득표율과 2016년도 트럼프 당선자의 득표율을 비교분석했다. 이에 따르면, 2002년과 2014년 사이 중국산 수입품이 지역시장에서 차지하는 점유율인 수입침투율이 1%포인터 오를 때마다 트럼프 득표율은 부시에 비해 2%포인트 높아진 것으로 나타났다. 이를테면, 위스콘신주 치페와 카운티에서는 이 기간 중국 제품의 수입침투율이 2.4%포인트 상승했고, 트럼프 득표율은 부시보다 높은 8.7%로 나타났다. 그래서 월스트리트저널은 이번 대선에서 경합주였던 노스캐롤라이나, 펜실베이니아, 뉴햄프셔, 위스콘신, 미시간 등이 중국 수입품의 영향을 크게 받은 주라고 보도했다.

그 밖에도 월스트리트저널은 "이들 경합주에서 트럼프가 힐러리 클린턴보다 많은 득표율로 이긴 것이 아니라 근소한 차이로 승리하였다. 그러므로 만약 이들 지역에서 중국 수입품이 지금처럼 증가하지 않았더라면 얼마든지 선거결과가 뒤바뀔 수 있었다."고 지적했다. 그러면서 "특히 경합주에서 중국산 제품 수입증가율이 지금보다 25% 낮았다면 위스콘신과 미시간에서는 클린턴이 승리하고, 50% 낮았다면 펜실베이니아와 노스캐롤라이나에서도 힐러리 클린턴이 이겼을 것"이라는 분석을 내놨다.

외부 세계의
'잘못된' 반응

이번 미국 대선에서 도널드 트럼프의 등장을 두고 많은 한국인들 가운데, 특히 진보적 성향의 지식인들은 크게 낙담하면서 미국의 대중의 어리석음을 비판한다. 그리고 비단 한국뿐만 아니라 트럼프에 대한 부정적 시각은 전 세계적이고 심지어 미국 내의 진보 지식인 사이에서도 마찬가지다. 미국을 비하하는 일부 진보 지식인들은 트럼프 행정부가 파시즘적 체제로 편승될 수도 있을 것이라고 비평한다. 그러면서 미국 의회와 행정부의 마찰로 민주주의가 제대로 작동하지 못하고 삐걱거리다가 자칫 탄핵으로 치달을 수도 있다고 지적하는 사람들도 있다.

그러나 이들의 주장에 대해 미국 정치·사회의 시스템을 모르거나 이를 무시하는 소리라고 필자는 지적할 수밖에 없다. 어느 시대 어느 국가를 막론하고 민주주의 정부에서 국민이 선택한 것은 그 나라 대중의 '합리적인 선택'임을 인정해야 한다. 비록 현재 미국의 민심이 지도자를 잘못 선택했다고 하더라도 중간선거가 있고, 2년마다 치러지는 총선 등을 통해 국민은 선출된 대통령이나 공직자들에게 책임을 물을 수 있다. 따라서 트럼프 행정부가 제대로 미국을 통치하지 못한다면 중간 선거로 압력을 받게 되고, 4년 뒤에는 연임이 불가능할 수도 있다. 그러므로 트럼프가 당선되었다고 해서 미국 민주주의 체제가 와해되거나 잘못되는 것은 쉽지 않다. 물론 미국을 잘 모르는 외부 세계의 눈에는 미국 대중의 선택이 올바르지 않다고 지적할 수는 있다. 하지만 민주주의 제도는 자본주의 시장경제와 함께 작동하면서 전진과 후퇴를 반복한다. 이러한 기조 위에서 볼 때, 그래도 미국사회의 민주주의가 가장 건강하게 뿌리를 내리고 있음을 이해할 수 있다. 이를테면, 미국은 특정한 경우를 제외하고 진보와 보수로 양분된 민주·공화 양당이 번갈아가면서 세계 최강국 미국을 이끌어가고 있다. 이는 미국에서는 여전히 실제 사회로부터 정치적 요구가 표출되고 이를 통해 정치가 형성되면서 시민의 욕구를 자연스럽게 표출하고 해소하는 대의 민주주의 정치를 잘 실행하고 있다. 이는 아직도 지구상에서 미국의 민주주의 정치제도가 가장 건강하게 뿌리를 내리고 있다는 것을 방증하는 것이라고 할 수 있다.

이러한 관점에서 볼 때, 특히 열광적으로 트럼프를 지지한 절대다수의 백인들은 지난 8년 동안 세계 각국의 '반발'에 지나치게 유연하게 대처하면서 나약해 보였던 오바마 전 대통령의 정책에 식상했던 것이다. 그러한 다수의 민의에 적절하게 대처하면서 트럼프는 누구보다 오바마의 정책을 강력하게 반대하고 나섰다. 오바마 행정부가 애매모호한 태도를 보이던 미국의 석유자원 개발과 함께 셰일가스 개발을 강력히 촉구했다. 그뿐만 아니라 중국과의 무역불공정 경제교류를 강력하게 비난했다. 그러고는 이를 바로잡고 미국인들의 직업을 보호하기 위해 무려 45%의 관세를 올리겠다고 천명했다. 그러니 트럼프 지지자들이 트럼프를 보기 위해 유세장으로 몰려들어 그토록 열광적 지지를 한 것이다.

대중은 어느 나라에서든 올바르지 않은 선택을 할 수 있다. 민주주의가 성숙한 미국에서도 마찬가지다. 더구나 미국의 정치체제는 많은 문제점을 안고 있다. 이번 대선에서도 나타났듯 선거인단이 대선의 승수 요건이 되는 것은 현실 정치체제로 보면 지나친 난센스라고 할 수 있다. 선거인단의 과반수를 확보하면 전체 득표수와 상관없이 대통령에 당선되는 미국의 현 대통령선거는 이미 이런 '비합리성'을 여러 차례 경험했다. 43대 대선에서도 아들 부시와 엘 고어 때도 있었고, 이번에도 정작 더 많은 표를 얻은 후보가 낙선하는 기현상이 나타냈다. 하지만 민주주의 제도가 성숙한 미국에서는 누구도 이를 부인하지 않는다. 우리나라 같으면 상상만 해도 끔찍스럽다. 그래서 미국은 민주주의를 이행하는 시민의 성숙도 면에서 지구상에서 가장 선진적인 국가라고 해도 이견을 달 사람이 없을 것이다. 그러한 미국 대중의 선택을 '감히' 외부세계에서 '감 놔라 배 놔라' 하는 것은 대중적인 자가당착일 뿐이다. 어디까지나 트럼프는 미국 국민들의 선택에 의한 것이라는 점을 인정하고 이를 지켜보면서 우리에게도 적절한 대안을 강구하는 것이 순서일 듯하다.

미국 정치인의 금기, 총기규제

미국에도 정치인들의 금기 사항이 있다. 이는 바로 총기규제에 대한 발

도널드 트럼프가 오하이오 주 콜럼버스 타운홀 미팅에서 연설하고 있다.

언이다. 따라서 이번 대선에서도 도널드 트럼프와 힐러리 클린턴의 공화·민주당 양당 후보는 그 누구도 미국 내에서 이슈가 되고 있는 총기규제문제에 대해서 한마디 말을 꺼낸 적이 없다. 그동안 미국은 해마다 총기로 인한 사망사고는 매년 평균 3만여 명에 이른다. 이는 인구 10만 명당 1명이 총기로 인해 죽음을 당한다는 것이다. 통계자료에 따르면 2001년부터 2013년까지 12년 동안 총기로 인한 사망자 수는 모두 35만 명에 이르는 것으로 나타났다. 특히 2013년 총기 사망자수는 3만 3,000명으로 그동안 계속 늘어나고 있는 것으로 조사됐다. 이 비율은 현재 미국에서 해마다 에이즈, 전쟁, 약물 복용 사망자 수를 합친 숫자보다 높고, 교통사고로 숨지는 숫자와 거의 맞먹는다. 하지만 국가를 대표하는 정치인들은 그 누구도 감히 총기규제에 대해 자유로운 발언을 할 수 없다. 왜, 그럴까? 다음 두 가지 이유 때문이다.

막강한 로비스트

전미총포협회(NRA)가 이끄는 총기 권리옹호자들은 정치인들이 감히 맞서기 두려워하는 막강한 정치로비를 형성하고 있다. 누구도 정확한 내막을 알 수는 없지만 해마다 NRA를 통해 미국 내 의회 로비자금으로 사용되는 돈은 천문학적이라고 한다. 따라서 대다수 정치인들은 이에 대해 자유로울 수 없다. 최근 수십 명이 총기사건으로 목숨을 잃는 참사가 일어나 총기를 규제하자는 국민 여론이 높아져도 의회는 "지금은 그 문제를 놓고 토론할 때가 아니다."라는 식으로 피해 간다. 이것이 바로 미국 정치인들의 총기규제에 대한 태도다. 한 가지 사례로 지난 2013년 새로운 총기규제를 입법했을 때 총기권리단체들은 그 법안에 찬성한 민주당 소속 상원의원 2명을 소환하는 데 성공했다. 그리고 2014년 그들은 강화된 총기규제 법안에 서명한 민주당 주지자 2명(콜로라도 주 존 히켄루퍼, 코네티컷 주 매널 말로이)을 상대로 낙선운동을 집요하게 펼치기도 했다. 이처럼 막강한 전미총포협회의 로비 앞에 정치인들은 감히 총기규제에 대한 말을 꺼낼 수 없는 것이다.

미국 거주 종교인 분포

또한 퓨 리서치에 따르면 기독교 국가인 미국 내 종교 분포는 2014년 현재 기독교(예수를 그리스도로 인정하는 종교: 개신교, 가톨릭, 정교회, 모르몬교 등) 인구가 전체 70.6%를 차지하고 있으며, 종파별로는 개신교가 46.5%(약 1억 5000만 명)로 가장 높고, 다음이 가톨릭 21.8%(약 700만 명), 모르몬교 1.7%(약 55만 명), 정교회 0.6%(약 20만 명)의 비율로 나타났다. 그리고 타종교가 5.9%로 이 중 유대교가 1.9%(약 61만 명), 무슬림 0.9%(약 29만 명), 불교 0.7%(약 23만 명), 힌두교 0.7%(약 23만명), 나머지 1.7%(약 55만 명) 등으로 나타났다. 그리고 종교를 믿지 않은 사람들은 전체 인구의 약 22.8%로 집계되었다.

헌법에 명시된 개인의 자유

미국 건국 초기인 18세기에 제정된 미국의 수정헌법 2조가 총기권리를 옹호하는 법률적인 단초로 작용하고 있다. 수정헌법 2조에는 "잘 규제되는 민병대는 자유국가의 안전에 필수적이므로 사람들이 무기를 유지하고 소지할 권리가 침해되어서는 안 된다."고 규정돼 있다. 총기옹호론자들은 이 조항이 총기 소유에 대한 개인의 권리를 의미한다고 해석한다. 따라서 총기난사 참사가 끊임없이 늘어나고 있음에도 '더 엄격한 총기 규제에 대한 대중의 요구'가 지난 25년간 오히려 약화되고 있는 이유는 개인의 자유로운 총기 소유가 헌법에 명시돼 있는 탓이다. 2015년 12월 2일, 14명의 무고한 생명을 앗아간 캘리포니아주 샌버나디노 총기난사 사건과 같은 대형 참사가 발생했다. 이렇듯 끔찍하기 짝이 없는 총기 사고 규제를 요구하는 목소리는 반짝하고 마는 순간의 문제로 끝나 버린다. 이것이 바로 미국의 총기소지에 대한 대중의 인식이다. 따라서 미국에서는 현재 총기소유를 금하는 법률을 강화하는 정도로 그치고 있다. 예를 들면, 특정범죄 전과자나 정신질환이 있는 사람, 법적 지위를 획득하지 못한 이민자, 불명예 전역한 예비역 군인, 파트너나 파트너의 자녀에게 영원히 접근하지 못하도록 법원으로부터 명령을 받은 사람들에게만 총기소지를 못하도록 강력하게 규제하는 정도로 그치고 있다.

1991년 이후 대형 총기 사고일지

(1) 1991년 10월 16일, 텍사스 주 킬린의 한 식당에서 남성 한 명이 23명 사살 후 자살
(2) 1999년 4월 20일, 콜로라도 주 리틀턴에서 10대 남성 두 명이학생 12명, 교사 1명을 사살
(3) 1999년 7월 29일, 조지아 주 애틀랜타 주식 중개인 12명 사살 후 자살
(4) 2005년 3월 21일, 미네소타 주 레드레이크에서 10대 두 명이 9명을 사살 후 자살
(5) 2007년 4월 16일, 버지니아 주 버지니아공대 한국계 조승희 32명 사살 후 자살
(6) 2008년 12월 24일, 캘리포니아 주 코비나에서 산타복장 남성이 9명 사살 후 자살
(7) 2009년 4월 3일, 뉴욕주 빙햄턴에서 무장남성이 13명 사살
(8) 2009년 11월 5일, 텍사스주 포트 후드 군기지에서 13명 사살
(9) 2012년 4월 2일, 캘리포니아 주 오이코스의 크리스천 대학 간호학과 남학생이 7명 사살
(10) 2012년 7월 26일, 콜로라도주 덴버 인근 극장에서 한 청년이 12명 사살

와스프(WASP)란?

미국 내 엘리트 계층을 지칭하는 '와스프(WASP)'란 용어는 백인 앵글로·색슨 개신교도(White Anglo-Saxon Protestant)의 머리글자를 따서 부르는 것으로, 이는 미국에서 시작된 사회학적·문화적 민족을 지칭하는 말이다. 애초에는 파워 엘리트를 형성한 상류사회인 미국 북동부 특권 계층의 사람들에게 적용하면서 사용하기 시작됐다. 따라서 미국의 노동계층 백인들은 개신교 앵글로 색슨의 후예라고 하더라도 그들을 와스프(WASP)라고 지칭하진 않는다. 그만큼 와스프는 엘리트 파워의 영향력을 행사하는 백인계층을 특징하는 말이기 때문이다. 하지만 엄격히 말하자면 이들은 앵글로·색슨계가 아니다. 앵글로·색슨은 5세기와 노르만 정복의 사이에 영국에 정착한 게르만족의 후예를 말하기 때문이다. 그러나 현대 북아메리카의 관행상 와스프는 영국을 비롯하여 네덜란드, 독일, 프랑스, 스칸디나비아(노르웨이, 스웨덴, 핀란드), 스코틀랜드, 스코트아일랜드, 웰시계인 개신교를 포괄적으로 의미한다. 그리고 이탈리아는 가톨릭계 국가이므로 여기에 포함되지 않는다.

이와 함께 와스프(WASP)란 용어는 많은 의미를 가지게 된다. 사회학적으로 이들이 미국으로 건너와 나라를 세우고, 서유럽 지역에 그들 조상의 뿌리를 두고 있는 일부 미국인을 지칭한다. 와스프는 오늘날 미국민 가운데 25% 정도를 차지하고 있다. 그럼에도 불구하고 그들이 미국체제에 비정상적인 엘리트 파워를 형성하고 강력한 영향력을 행사하고 있다. 많은 사람들이 이 말을 사회의 소수세력의 어디에도 속하지 않은 백인들을 지칭하는 말로 사용하고 있다. 따라서 실제로 앵글로·색슨이 아닌 사람들도 와스프로 불리고 있는 것이다. 이를테면, 루스벨트(네덜란드계), 석유왕 록펠러(독일계), 듀폰(프랑스계), 멜론(스코트아일랜드) 등이다. 게다가 이제는 동일한 민족의 그룹이 정착한 캐나다나 호주와 같은 영어권 사회에서도 와스프라는 용어가 사용되고 있다. 그리고 비영어권 사회에서도 사회의 엘리트 그룹을 비유적으로 지칭하는 말로 쓰이기도 한다.

미국 선거인단 제도란?

미국의 〈선거인단제도〉는 미국의 헌법 2조 1항 2절에 선거인단 수와 선출방식을 기술해놓고 있다. 현재 미국 대선에서 선거인단의 수는 모두 538명인데, 이는 미국 하원(435명)과 상원(100명)의 숫자를 합친 535명에다 수도 워싱턴DC의 선거인단 3명을 합친 숫자이다. 그러므로 현 대통령선거제도에서 미국 대통령에 당선되려면 선거인단의 과반수를 획득해야 한다. 따라서 미국의 대선후보는 적어도 270명의 선거인단을 확보해야 대통령에 당선될 수 있다는 계산이 나온다. 이번에 트럼프 대통령은 실제 유권자 총 득표수에서는 힐러리 클린턴 후보에게 무려 400만 표나 뒤졌다고 한다. 하지만 선거인단에서 반수가 훨씬 넘는 279표를 획득함으로써 미국 대통령에 당선될 수 있었던 것이다. 이러한 계산이 나올 수 있는 것은 대부분의 주에서 승자독식제(winner-takes-it-all)를 채택하고 있기 때문이다. 승자독식제는 해당 주에서 가장 많은 표를 얻은 후보에게 선거인단 전체 표가 이긴 쪽으로 몰아주는 방식을 채택하고 있는 제도이다. 이를테면, 이번에도 트럼프가 여러 주에서 근소한 차이로 이겨 선거인단을 독식으로 확보한 반면, 어떤 주에서는 많은 표차로 뒤졌기 때문에 이러한 현상이 나타날 수 있었던 것이다.

이러한 선거인단 제도를 두고 비판자들은 이 제도가 본질적으로 민주주의에 반한다고 말한다. 또한 선거인단 제도가 경합주(swing state)가 대선에 지나치게 많은 영향력을 행사하게 한다고 지적한다. 그러나 선거인단 제도를 지지하는 사람들은 이 제도가 미국과 같은 연방제도에서는 아주 중요하다고 주장한다. 특히 지지자들은 선거인단 제도가 규모가 작은 주들의 권리를 보호하기 때문이라고 말한다. 이에 따라 그동안 미국 헌법을 선거인단 제도에서 주민 직선제로 바꾸는 내용의 헌법 개정안이 수차례 하원에서 논의되기도 했지만 여전히 논란 중에 있다.

PART. 03
공약으로 본
트럼프 정책

"우리는 미국을 또다시 위대한 나라로 만들 것이다. 나는 '신이 창조한 최고의 일자리 대통령'이 되겠다. 내가 말한 것을 취소할 수 없다." "한국은 강력한 제조업 경쟁력을 지녔으며, 미국에서 엄청난 돈을 벌어가면서도 한국이 안보에는 미국의 희생에 무임승차를 하고 있다. 한국은 미쳤다."

미국이
변화고 있다

〈트럼프의 대선 공약은 치밀하게 계산된 비즈니스(사업)와 같은 인식에 바탕을 두고 있다. 그래서 그를 두고 타고난 장사꾼이라고 말하는 것이다. 하나를 주면 적어도 두 개나 그 이상을 얻어내야 한다. 그러니 그에게는 손해 보는 게임이란 언감생심 상상도 할 수 없는 노릇이다. 그는 후광이나 '천박한' 엘리트 의식 따위에는 일절 관심이 없다. 그에게는 그저 모든 게 거래이고 장사일 뿐이다. 결국 최대의 이윤만이 부국강병의 지름길이고 나아가 자국민에게 최대의 '온기(warmth)'를 피울 수 있다는 트럼프의 믿음이 다수 미국인의 심정을 움직이는 동력이 된 것이다.〉

트럼프 미국 대통령은 여성비하, 인종주의, 종교 차별 등 거침없는 막말로 2016년 대선기간 내내 '막말' 논란의 한가운데에 서 있었다. 그럼에도 불구하고 그가 제45대 미국 대통령에 당선될 수 있었던 트럼프의 '인기'에는 중대한 의미가 담겨 있었다. 앞서 밝힌 것처럼 그의 대권 행보를 지지하는 데는 티파티 운동과 같은 다수의 침묵하는 백인 계층이 있었다. 그들은 차마 트럼프의 막말과 같은 논란에 휩쓸리기 싫어 자신들의 속내를 절대로 드러내지는 않았다. 하지만 트럼프가 그들의 속을 시원하게 대변해주고 있었기에 말없이 트럼프를 지지했던 것이다. 따라서 트럼프를 백악관의 주인공으로 만든 여러 가지 '트럼프 현상'은 이제 미국을 넘어 세계로 그리고 우리 한국에도 적지 않은 영향을 미칠 것으로 본다.

"지역 안보에 무임승차하고 있는 사우디아라비아에 넌덜머리가 난다." "한국, 일본, 독일 등 무임승차국 때문에 짜증이 난다." "영국도 최소한 GDP의 2%를 국방비로 써야 한다. 그렇지 않을 경우 영국은 미국과 특별한 관계에 있다고 말할 자격이 없다. 당신네 나라(영국)도 적당한 부담을 해야 한다."

이 말은 도널드 트럼프가 한 말이 아니다. 이미 지난 3월 미국 내 한 유력 일간지와의 특별 대담에서 오바마 전 대통령이 말했던 내용이다. 이는 현재 미국 내의 많은 지식인들과 절대다수 국민들의 생각을 반영한 가운데서 나온 계산된 발언이라고 할 수 있다. 미국은 더이상 엄청난 군사비용과 스스로 자국민의 희생을 강요하면서까지 전 세계 모든 문제를 자국이 담당할 필요가 없다고 판단한 데서 나온 것이다. 그렇다면 미국이 몰락해 가는 제국이기 때문에 이런 이야기가 나오는 것일까? 아니다. 미국의 지식인들은 오히려 그 반대로 생각하고 있다. 미국은 이제 국제사회 문제에 우리 스스로가 개입하지 않아도 세계를 움직여 나갈 수 있다는 자신감에서 나온 발언이라고 보인다.

트럼프는 이러한 변화의 기류에도 예민한 감각을 가지고 있다. 그는 이런 변화에 편승하여 다소 거친 언어로 "주한미군, 주일미군, 주독미군을 모두 철수시켜야 하고, 사우디아라비아 역시 우리가 지킬 필요가 없게 되었다."는 '막말'에 가까운 표현은 오바마의 말에서도 읽을 수 있듯 이미 미국 사회의 다수 주류 엘리트들이 입에 올리기 시작한 이슈들이다. 이는 다시 말해 미국이 더이상 희생을 담보로 세계 경찰 역할을 담당할 의무가 없으며, 미국도 이제는 자국 이기주의로 미국을 더욱 부강하게 만들어야 한다는 계산이 깔려 있는 것이다. 이러한 변화의 기류를 우리 한국 국민과 정치권이 제대로 감지하지 못하고 무사 안일한 태도를 취하고 있는 것 같아 매우 안타깝다. 따라서 이번 도널드 트럼프의 당선과 함께 향후 국제사회는 미국의 정치인 및 지식인 사회에서 바뀌고 있는 기존 패러다임의 전환을 정확히 읽어야 한다.

정치·경제의 파란 예고

"우리는 미국을 또다시 위대한 나라로 만들 것이다. 나는 '신이 창조한 최고의 일자리 대통령'이 되겠다. 내가 말한 것을 취소할 수 없다." "한국은 강력한 제조업 경쟁력을 지녔으며, 미국에서 엄청난 돈을 벌어가면서도 한국이 안보에는 미국의 희생에 무임승차를 하고 있다. 한국은 미쳤다." "시진핑, 햄버거나 먹어라…. 중국은 환율을 조작하는 등 교활한 수법으로 미국 기업들이 도저히 살아남을 수 없게 만들고 있다. 미국인의 일자리를 빼앗으며 미국을 죽이고 있다. 하지만 정치인들은 모른 척 한다. 통화 조작과 스파이 짓을 하는 중국인들에게 본때를 보여줄 때다."

"멕시코는 미국의 일자리를 뺏으면서 범죄자를 내보내고 있다." 이처럼 트럼프는 자국(미국)과 경제 및 안보로 얽혀있는 국가에 대해서는 어김없이 강한 불만을 쏟아내고 있다. 특히 세계 경제를 이끌어가고 있는 G2 국가인 중국에는 조롱을 담은 '막말'의 표현들을 마구 퍼붓고 있다. 그리고 이와 같은 연장선상에서 그는 국제적으로 전통 우방인 영국과 독일, 일본, 그리고 우리나라에 대해서도 '안보무임승차론'으로 진짜 강력한 불만의 메시지를 보냈다.

도널드 트럼프 대통령이 대선 유세기간에 국내외적으로 공약한 주요 내용들을 한마디로 종합한다면, 미국을 정치 및 경제적으로 무엇보다 '더욱 강하고 위대하게 만들겠다.'는 것으로 요약할 수 있다. 그러나 문제는 이 말이 비단 트럼프의 생각이 아니라 미국사회 전체에 흐르고 있는 '변화의 기류'라는 것이다. 따라서 도널드 트럼프는 이런 변화의 흐름을 타고 자유시장주의 원칙을 내세우며 대기업 법인세를 크게 낮추는 등 핵심적인 공약들을 강력하게 제시했던 것이다. 다른 국가에는 관세를 인상하고, 반대로 자국 내에서는 법인세를 낮춤으로써 해외로 이전한 기업들을 미국으로 불러들인다는 계획이다. 그리고 해외 이전 기업들의 탈세를 막아 재원을 마련한다는 공언을 강력하게 함으로써 해외 이전 기업의 국내 복귀를 촉진하겠다는 의지를 내보이고 있다. 이로 미루어 볼 때 트럼프 행정부의 제1기는 이미 국제사회에 정치·경제적으로 큰 파란을 보이고 있다.

공약으로 본
대외 정책

중국 등 무역 적자국에 초고율 관세

트럼프는 대선기간 중 중국 때리기에 열을 올리면서 자신이 집권하게 되면 중국을 환율조작국 지정은 물론, 중국산 제품에 대해 45%까지 고율의 관세를 부과할 것이라고 여러 차례 위협적인 발언을 했다. 이런 가운데 경제 전문가들은 트럼프가 공약한 자신의 의지를 현실화할 경우 미·중 무역 갈등은 불가피할 것으로 보고 있다. 실제 미국 철강업계의 '누코르'의 전 최고경영자 댄 디미코는 미국의 철강산업이 값싸고 저질인 중국산에 치여 큰 피해를 당했다고 주장했다. 그러므로 트럼프 차기 행정부는 모든 제품은 아니더라도 철강을 비롯한 일부 품목은 반드시 고율의 관세를 적용하면서 중국 정부를 거칠게 몰아세울 것으로 예상하고 있다.

따라서 정치·경제 전문가들은 대부분 트럼프가 임기를 시작하면서 미국과 중국의 관계는 무역 전쟁까지는 치닫지 않는다고 하더라도 매우 험악

트럼프 시대 **트럼프를** 말하다

한 분위기로 나아갈 것으로 전망하고 있다.

무엇보다 중국 정부도 트럼프의 발언에 대해 매우 긴장하는 모습이다. 하지만 이를 예의주시하고 있는 중국의 반응 역시 만만치 않을 것으로 보인다. 중국은 자국을 환율조작국으로 지정하고 자국산 제품에 대해 45%의 관세를 매기겠다는 공약을 트럼프 차기 행정부가 현실화할 경우, 이에 맞서 강력한 보복에 나서겠다고 미국에 통보한 것으로 월스트리트저널이 11월 23일 보도했다. 실제로 미·중 양국이 워싱턴에서 11월 21일부터 사흘간 개최한 '제27차 미·중 상무연합위원회'에 미국 측 대표로 참석한 페니 프리츠커 상무장관은 "중국 측이 트럼프의 선거공약대로 관세가 중과된다면 보복에 나설 수밖에 없다는 입장을 표명했다."고 밝혔다. 특히 중국 대표로 이번 회담에 참석한 왕양(汪洋) 국무원 부총리는 22일 미국 정부 관리들이 있는 자리에서 "중국은 트럼프 차기 행정부의 향후 정책방향을 신중하게 지켜보고 있다."면서 이에 걸맞은 대응을 해 나갈 것이라고 말했다. G2양국이 자칫 치킨게임으로까지 치달을 수 있는 이러한 험악한 분위기로 볼 때, 트럼프 행정부에서 미·중 간 '경제 전쟁'이 벌어질 가능성도 일부 전문가들은 예상하고 있다. 이에 따라 2017년 이후 세계 정치·경제는 누구도 예측하기 어려운 상황으로 치달을 것으로 보인다. 하지만 대다수 경제전문가들은 두 거대 경제대국이 경제 전쟁으로 치달을 경우 두 나라가 당할 수 있는 피해 규모가 너무나 크기 때문에 벼랑 끝에서라도 일종의 묘책을 도출해 낼 것으로 기대하고 있다.

미국이 중국에 고율의 관세를 매길 경우 대중국 수출의존도가 높은 한국과 일본은 물론, 전 세계가 큰 타격을 받을 수밖에 없는 상황이 도래했

미국vs중국

다. 중국 경제가 '관세폭탄'의 영향으로 침체하게 되면 중국은 수입 규모를 대폭 줄이게 됨으로써 중국 의존도가 높은 대부분 국가들의 경제도 동반 침체할 수밖에 없기 때문이다. 최근 일본의 다이와증권 분석에 따르면 중국제품에 고율의 관세(45%)를 부과하면 중국 경제성장률은 1%포인트 하락할 것이라고 예측한다. 그리고 국제통화기금(IMF)은 중국경제성장률이 1%포인트 하락할 경우 한국의 국내총생산(GDP)이 0.5% 감소할 것이라고 밝혔다. 이는 지난 15년간 중국 경제가 급성장하면서 한국이 미국을 제치고 최대 수출대상국으로 부상했기 때문이다. IMF는 또 일본, 멕시코 등 중국 수출 의존도가 높은 국가들도 동시에 타격을 받게 되고 전 세계 GDP가 0.2%포인트 떨어지면서 자칫 세계 경제가 침체의 늪으로 빠져들 수 있다고 지적한다. 무역 전문가인 와타나베 요리즈미 일본 게이오 대학 교수는 "중국은 세계 많은 나라들에 최대 교역 대상국이므로 트럼프 대통령의 이번 중국을 향한 고율 관세 공약은 국제 무역에 악영향을 미칠 것"이라고 조심스럽게 전망했다.

대외무역

TPP(환태평양경제반동반자협정) 폐기

도널드 트럼프 당선자는 취임 직후 가장 먼저 환태평양경제동반자협정 (TPP: Trans-Pacific Partnership)을 폐기할 것이라고 밝혔다. 그는 무엇보다 TPP가 미국에 '잠재적 재앙'이 될 수 있을 것이라고 주장한다. 트럼프는 그 대신 미국의 산업과 일자리를 재창출할 수 있도록 다른 국가들과 공정한 양자무역협정을 체결하겠다는 생각을 밝히기도 했다. 트럼프가 TPP 폐기를 주장하는 큰 이유는 환태평양경제동반자협정이 '참여 국가 간 관세를 없애고 국가 간 교류를 확대한다.'는 목적이 있기 때문이다. 이는 바로 트럼프 대통령 자신이 공약한 관세를 높여 무역 불공정을 바로잡겠다는 생각과 배치되어서다. 그래서 트럼프는 이 공약을 반드시 실현하려고 할 것으로 보인다.

그렇다면 우선 TPP란 무엇인가? 이는 전 세계 GDP의 약 40%를 차지하는 환태평양지역의 경제동반자 협정을 말한다. 특히 미국과 일본이 주도하는 세계 최대 규모의 다자간 메가 FTA(자유무역협정)이자, 태평양 연안 국가들만 참여하는 지역적 무역협정이라는 특징을 가지고 있다. 현재 미국, 일본, 호주, 캐나다, 뉴질랜드, 멕시코, 칠레, 페루, 브루나이, 말레이시아, 베트남, 싱가포르 등이 국가가 참여하고 있다. 가입 국가 간 관세를 없애고 수출입 규제와 같은 비관세 장벽을 낮추며, 서비스 산업의 역내 교류를 확대한다는 게 주요 목적이다.

TPP는 사상 최대 규모의 다자간 무역협정(FTA)으로 세계 경제 규모 1위인 미국과 3위 일본이 주도하므로, 참여국 12개 국가의 GDP를 합치면 총 28조 달러(약 3경 2,610조 원)에 달한다. 이는 전 세계 GDP의 약 40%에 해당한다. 그리고 비단 제조업 상품뿐만 아니라 지적재산권과 환경, 금융서비스, 전자상거래, 정보통신 등 서비스분야까지 포괄하고 있어, 체결국가들 간 교역을 확대할 수 있는 범위가 매우 넓다. 따라서 농산물과 자동차, 섬유, 의약품 등 약 1만 8,000개 품목의 관세가 폐지된다. 특히 오바마 전 대통령이 야심차게 추진해온 '아시아 중시 정책(pivot to Asia)'의 주요 과제의 하나다. 오바마 전 대통령은 이라크와 아프가니스탄에서 철수하는 등 중동 지역의 군사활동을 줄이고 아시아·태평양 지역으로 외교정책의 무게 축을 옮겼다. 오바마 전 행정부는 또 TPP를 통해 아시아인프라투자은행(AIIB)을 설립해 아시아에서 경제적인 영향력을 키워가는 중국을 견제하는 도구로 활용할 수 있다고 판단했던 것이다. 그리고 아직 TPP를 체결하지 않은 국가들과 추가로 협상할 여지를 남긴 것도 바로 이 때문이다. 그리고 중국의 부상에 위기를 느낀 일본과의 경제협력을 확대함으로써, 전통적 군사동맹을 강화하는 효과까지도 노리고 있다.

그럼에도 불구하고 트럼프가 TPP를 그토록 반대하는 이유는 무엇일까? 무엇보다 대선 유세 기간 처음부터 이를 반대한 것은 힐러리가 반대한 것처럼 '노동자의 표'를 끌어낸다는 전략이 가장 큰 이유로 꼽히고 있다. 하지만 트럼프의 공약을 자세히 살펴보면 단순히 노동자의 표를 의식한 것과 오바마에 대한 혐오감만으로 이해한다는 것은 크나큰 오류이다. 트럼프는 "TPP가 미국 역사상 최악의 협상"이라며 반대의사를 나타낸 것은 자신이 끊임없이 주장하고 있는 불공정 무역 협정을 바로잡겠다는 강한 의지를 표명한 것으로 보는 것이 더 타당하다. 그래서 트럼프는 미국의 이익을 최우선으로 하는 무역협정을 각국과 개별적으로 다시 체결한다는 분명한 방침을 여러 차례 천명했다. 트럼프는 이미 체결된 한국과의 FTA뿐만 아니라, 북미자유무역협정 나프타(NAFTA)마저도 재협상 또는 폐기를 요구할 것으로 보인다. 결론적으로 트럼프의 불공정무역협정에 대한 강한 의지를 엿볼 수 있는 대목이다.

환경 및 에너지 정책

트럼프는 '지구 온난화' 문제는 환경학자들이 만들어 놓은 정치적 '프레임'에 불과하다고 여기는 듯하다. 그는 자신이 당선되면 '파리기후협약'을 철회하고 화석에너지 산업을 적극 활용할 뜻을 강하게 피력했다. 또 트럼프는 석유기업의 미국 내 시추작업도 허용할 방침이라고 밝혔다. 그러므로 트럼프 행정부가 임기를 시작하면 전 세계 에너지 시장에도 큰 변화의 바람이 불 전망이다. 무엇보다 그동안 확장일로였던 신(新)재생에너지 시장은 위기감이 도는 반면에 화석연료 사용은 크게 늘어날 것이기 때문이다. 이에 따라 미국은 물론 전 세계적으로 셰일가스를 비롯하여 에너지 생산과정에 참여하고 있는 수많은 에너지 관련기업들이 에너지 시장의 재편을 예의주시하고 있다.

미국은 석유 소비량과 에너지 순수입량, 원유 및 석유제품 생산량 등 에너지 공급 및 소비의 대부분 영역에서 세계 1, 2위를 차지하고 있다. 따라서 미국의 에너지 정책변화는 전 세계 시장에도 큰 영향을 줄 수밖에 없다. 그동안 미국은 오바마 행정부 이후 자국을 중심으로 유럽 선진국들과 함께 환경 규제를 강화하고 화석 에너지 사용을 줄이는 정책을 펼쳐왔기 때문이다. 하지만 다수의 경제전문가들은 곧 출범하게 될 트럼프 행정부의 정책을 다음과 같이 전망한다. "트럼프 당선자가 화석연료 사용에 의한 기후변화를 전면적으로 부정하며 화석연료를 중심으로 미국의 에너지 자립도를 높여야 한다."며 강력 주장하므로 신재생에너지 등 글로벌 에너지 시장이 재편될 가능성에 더 큰 무게를 두고 있다.

2016년까지 미국을 이끌어온 오바마 전 대통령과 민주당은 차량 연비 규제, 청정에너지 확대 및 화석연료 축소정책을 통해 미국 내 원유와 천연가스 생산을 늘려 석유수입의존도를 낮추는 것이 중요 에너지 정책이었다. 그러나 현재 트럼프와 공화당이 주장하는 에너지 독립은 전혀 추구하는 방향이 다르다. 이들은 국내 석유와 천연가스를 적극 활용하여 석유수입을 줄이고 에너지 자립을 달성해야 한다는 것이다. 특히 트럼프는 이와 같은 방식의 에너지 자립을 통해 무엇보다 수입 에너지 소비지출을 대폭 줄이겠다고 한다. 그러면서 동시에 일자리를 창출할 수 있어 '꿩 먹고 알 먹는' 두 가지 이익을 동시에 추구할 수 있다는 계산이다.

그리고 이번 대선에서 사우디아라비아에 대해서도 거친 표현을 많이 쏟아낸 것에서도 트럼프의 의중을 짐작할 수 있다. 이제는 미국이 에너지 시장에서 주도권을 잡고 이를 기존의 산유국에 넘겨주지 않을 자신이 있다는 것이다. 미국은 전통 에너지(원유)를 비롯하여 셰일가스 등 모든 에너지 자원이 풍부하다. 다만 미래를 위해 그동안 개발을 보류했던 것뿐이다. 최근 셰일가스 발굴을 위한 기술개발로 셰일혁명을 주도하면서 국제 에너지 시장에서 석유수출기구(OPEC)를 위협하기도 했다. 지금도 유가가 바닥을 헤매고 있는 것은 미국의 셰일가스가 버티고 있기 때문이다. 따라서 이러한 기조 위에 트럼프는 국제 에너지 시장을 주도하는 오펙(OPEC)이나 이란(트럼프는 이란을 적대국으로 생각함)으로부터 원유 수입이 필요 없도록 만드는 정책이야말로 바로 에너지 독립이라고 생각한다. 그러므로 에너지 관련 전문가들은 이변이 없는 한 유가는 60달러를 넘어가기 힘들 것이라고 전망한다.

이를 위해 트럼프는 대선기간 내내 국내 화석에너지 탐사와 개발에 대한 규제와 에너지 자원의 원활한 생산을 제약하는 모든 행정규제를 철폐하겠다고 선언했다. 미국의 에너지 계획에서 모든 규제는 최우선적으로 '미국 노동자에 미칠 이해득실'만 따져 고용 및 실질소득 측면에서 유리할 경우에만 규제를 승인하겠다는 것이 트럼프의 계획이다. 게다가 트럼프는 미국의 에너지 생산자들이 해외 시장에 자국에서 생산한 에너지 자원을 자유롭게 수출할 수 있어야 한다고 밝힌 바 있다. 그뿐만 아니라 에너지 수출 터미널 건설을 촉진할 계획이다. 그래서 향후 미국이 에너지 수입국에서 거꾸로 에너지를 수출하는 국가로 변화할 가능성까지 예상하는 전문가들이 상당수 있다. 왜냐하면 트럼프는 에너지 수출이 고속의 일자리를 창출할 수 있을 뿐만 아니라, 미국의 무역적자를 줄일 수 있다고 판단하기 때문이다.

세계 주요 에너지 매장량을 보면 미국은 주요 에너지 자원의 엄청난 양을 보유하고 있는 '축복'받은 땅이라고 할 수 있다. 현재까지 가장 주요한 자원으로 꼽히고 있는 석유의 경우만 해도 우리는 일반적으로 사우디아라비아와 러시아가 가장 많은 매장량을 가지고 있는 나라로 알고 있었다. 이는 미국이 제대로 자국의 에너지 매장량을 밝히지 않았기 때문이기도 하다. 하지만 최근 영국의 경제 전문지 파이낸셜타임스(FT)가 발표한 내용에 따르면 석유 역시 미국이 가장 많은 매장량을 가지고 있는 것으로 나타났다. 지난 7월 4일자 파이낸셜타임스는 노르웨이 리서치 전문회사인 리스타드 에너지가 발표한 자료를 인용해 "미국의 기존 유전과 최근 새로 발견된 유전 등으로 미뤄 볼 때 생산 가능한 미국의 석유 매장량은 2,640억 배럴에 달한다."고 보도했다. 이는 사우디아라비아의 2,120억 배럴과 러시아의 2,560억 배럴을 능가하는 엄청난 양이다.

리스타드는 지난 3년간 세계 각국의 유전 6만여 개를 분석한 결과 "현재 전 세계 석유 매장량은 2조 1,000억 배럴에 달하며, 미국은 이의 12.6%를 차지하는 데다 향후 더욱 늘어날 가능성이 있다."면서 "미국은 최고의 석유 개발기술력까지 확보하고 있다."고 전했다. 리스타드 에너지는 또 "최근 텍사스 주와 뉴멕시코 주에 걸쳐 있는 퍼미언 분지에서 잇따라 유전이 발견되고 있는 점을 감안하면 미국의 석유매장량은 다른 산유국들과 달리 더욱 늘어날 가능성이 높다."고 발표했다.

그리고 전문가들은 석유의 경우 매장량도 중요하지만 이를 개발하여 회수하는 생산비도 이에 못지않게 중요하다고 말한다. 따라서 사우디아라비아와 중동 산유국들은 여전히 생산비용이 배럴당 10달러 이하 수준이라며 상대적으로 생산비용이 많이 들어가는 미국이 아직은 이들을 무시할 수는 없다고 주장한다. 하지만 석유 전문가들은 트럼프가 최근 사우디아라비아를 자극하는 발언을 서슴지 않은 것도 이 부분에 대한 미국의 자부심에서 비롯된 것이라고 평가한다.

*〈2016년 7월 파이낸셜 타임스(FT) 자료 참고〉

석유

1위	미국 2,640억 배럴
2위	러시아 2,560억 배럴
3위	사우디아라비아 2,120억 배럴
4위	베네수엘라 2,112억 배럴
5위	캐나다 1,752억 배럴
6위	이란 1,370억 배럴
7위	이라크 1,150억 배럴
8위	쿠웨이트 1,040억 배럴
9위	리비아 464억 2,000만 배럴
10위	나이지리아 372억 배럴

셰일가스와 셰일석유

1위	중국 36조 입방미터
2위	미국 24조
3위	아르헨티나 21조
4위	멕시코 19조
5위	남아공 13조
6위	호주 11조
7위	캐나다 11조
8위	리비아 8조

희토류

1위	중국 5,500만 톤
2위	북한 4,800만 톤
3위	러시아 1,900만 톤
4위	미국 1,300만 톤
5위	독립국가연합 2,100만 톤
6위	호주 540만 톤
7위	인도 310만 톤

천연가스

1위	러시아 44조 입방미터
2위	이란 29조
3위	카타르 25조
4위	사우디아라비아 7조 8,000억
5위	미국 7조 7,000억
6위	투르크 7조 5,000억
7위	아랍에미리트 6조 4,000억
8위	나이지리아 5조 2,000억
9위	베네수엘라 5조
10위	알제리 4조 5,000억

구리

1위	칠레 1억 6,000만 톤
2위	페루 6,300만 톤
3위	멕시코 3,800만 톤
4위	미국 3,500만 톤
5위	중국 3,000만 톤
6위	폴란드 2,600만 톤
7위	호주 2,400만 톤
8위	러시아 2,000만 톤
9위	잠비아 1,900만 톤
10위	카자흐스탄 1,800만 톤

이민 정책

불법체류자 강제 추방

미국 정부는 현재 국내에 이민자가 4,300만 명 정도가 있는 것으로 추산하고 있다. 그리고 이들 중에서는 약 1,100만 명이 불법체류자인 것으로 파악하고 있다. 공화당은 전통적으로 이민자들의 긍정적 역할을 부정해 오고 있다. 그러나 민주당은 이민자들의 역할에 대해 긍정적이다. 이민자들은 저임금, 저숙련 업무(3D업종)에 노동력을 공급할 뿐 아니라 소득세와 사회보장기금까지 낸다. 그리고 불법체류 노동자들이 납부하는 사회보장기금만 연간 12억 달러에 달한다. 그래서 2014년 오바마 대통령은 불법체류자 가운데 400만여 명을 대상으로 3년 동안 합법적으로 미국에 체류하며 취업할 수 있도록 하는 행정명령(추방유예 행정명령)을 내리기도 했다. 그러나 이 조치는 항소법원에서 제동이 걸렸고, 연방대법원은 오바마 행정부가 낸 상고를 기각했다.

그리고 트럼프는 공약에서 자신이 당선되면 불법체류자 1,100만 명을 반드시 추방하겠다고 여러 차례 약속했다. 트럼프는 자신의 불법체류자에 대한 과격한 공약들의 현실성이 의심받게 되자 지난여름에는 "수백만 명을 추방하는 일은 현실적으로 어렵다."고 말을 바꾸기도 했다. 그리고 기존 지지자들에게 트럼프 후보자가 '약해졌다'고 비난을 받자 '이민자 사상검증 시스템 개발', '불법체류 노동자들의 멕시코 송금액 압수', '테러리스트 발생국가에 대한 비자발급 중단' 등 한층 더 엄격한 공약을 새롭게 개발했다. 그는 당선되자마자 우선적으로 불법체류자 300만 명을 추방하겠다고 선언했다. 이어서 트럼프는 불법체류자를 추방했을 때 해당 국가가 받아들이지 않는다면 그 국가는 미국 비자를 받을 수 없도록 조치해 버리겠다고 강경 대응을 시사하기도 했다.

트럼프는 오늘날 미국 흑인 10대의 40%가 직업이 없으며, 히스패닉계는 30%가량이 무직이라고 소개하면서 불법체류자들로 인해 중산층이 무너지고 있다고 지적한다. 그는 "외국인 노동자의 유입은 평균 임금을 낮추고 무직률을 높이며, 빈곤층과 노동자, 이민자 계층도 포함되는 사람들이 중산층처럼 임금을 받는 걸 어렵게 한다."고 주장한다. 또한 트럼프는 "9.11 비행기 납치범부터 보스턴 폭탄테러범에 이르기까지, 그리고 더 많은 사람들이 우리의 이민정책을 교묘하게 악용하고 있다."면서 우리에게 해를 끼치는 사람들에게는 이민 비자를 주는 것을 중단해야 한다고 주장한다. 그 밖에도 트럼프는 미국에서 태어나면 자동적으로 시민권을 획득하는 '출생시민권제도(불법이민자도 마찬가지임)'도 즉각 폐지하겠다고 공언했다. 그러나 이 항목은 트럼프 공약 중에서 가장 거센 반발을 불러일으키고 있어 향후 처리가 주목되고 있는 대표적 사안 중 하나이다.

미국 인구조사국(Census Bureau)에 따르면 2016년 현재 미국에 사는 이민자는 약 4,300만 명인 것으로 집계되고 있다. 이는 전체 인구 3억 2,373만 명의 13.28%이고, 이들의 자녀수를 포함하면 약 8,287만여 명(25.6%)에 달하는 것으로 나타났다. 여기에다 현재 불법 이민자는 약 1,100만 명으로 추산되고 있다.

미국 내 이민자 현황

미국 인구조사국(Census Bureau)에 따르면 2016년 현재 미국에 사는 이민자는 약 4,300만 명인 것으로 집계되고 있다. 이는 전체 인구 3억 2,373만 명의 13.28%이고, 이들의 자녀수를 포함하면 약 8,287만여 명(25.6%)에 달하는 것으로 나타났다. 여기에다 현재 불법 이민자는 약 1,100만 명으로 추산되고 있다.

미국·멕시코 국경 장벽 문제

트럼프는 "국경이 없는 나라는 나라가 아니다. 남쪽 국경에는 장벽이 있어야 한다."면서 "멕시코가 이 장벽을 건설하는 데 돈을 지불할 것을 요구할 것"이라고 말했다. 그는 "멕시코에서 들어오는 불법 이민자로 인해 미국인 납세자들은 건강보험료, 집세, 교육비, 복지비 등 각종 세금을 연간 수천억 달러나 더 지불하고 있다."면서 "구직자들에게도 이 영향은 커서 당장 미국의 흑인들이 큰 피해를 받고 있다."고 강조한다. 그는 또 "불법 이민자로 인한 범죄율이 갈수록 치솟고 있다."고 주장하고 "멕시코는 미합중국에 범죄자를 보내고 있다. 멕시코는 이 문제에 책임을 지고 해결할 수 있도록 돈을 지불해야 한다."고 강조한다.

그는 또한 "멕시코·미국 간 1,600km의 반영구적인 장벽을 건설하는 데 들어가는 비용은 미국 납세자들이 해마다 불법 이민자들이 내지 않아 대신 부담한 비용과 맞먹을 것"이라며 "멕시코는 반드시 이 장벽 건설비용을 지불해야 한다."고 말했다. 그는 그렇게 되고 난 다음 미합중국은 불법 이민자들이 송금하는 월급을 모두 압수하고, 임시 비자를 위한 비용을 올리거나 국경을 넘은 허가권의 비용을 인상하면 100만 명이나 되는 멕시코인들이 방문비자를 가지고 넘어와 불법체류를 할 것이라고 주장했다. 트럼프가 불법체류 이민자들에 대한 강력한 추방명령을 실행하는 데는 무엇보다 이를 찬성하는 많은 백인들이 지지하기 때문이다. 그러므로 트럼프는 이들을 추방하면 백인들 일자리가 대폭 늘어날 것으로 판단하고 있다. 이에 따라 트럼프가 취임하면 해당국의 미국 비자발급은 매우 어려워질 것으로 보인다.

무슬림 입국 금지발언

트럼프는 2015년 12월 샌버나디노 총격 테러사건 이후 "무슬림의 입국을 전면 금지하겠다."고 전격 발표했다. 그리고 그동안의 유세에서 무슬림에 대한 극도의 혐오감을 내비치는 등 무슬림을 비하하는 거친 발언을 지속해왔다. 트럼프는 무슬림 데이터베이스(DB)화, 모스크(이슬람 사원) 폐쇄 발언만으로도 각계에서 인종차별적인 발언이라는 거센 비난을 받았다. 특히 트럼프는 사우스캐롤라이나주 마운트 플레전트 유세에서 "미국은 인간의 생명에 대한 존중이 없는 지하드(이슬람 성전) 신봉자들의 참혹한 공격의 희생자가 될 수 없다."라는 성명서를 발표했다. 그러면서 "미국 의회가 테러 예방을 위한 구체적인 행동에 나설 때까지 무슬림의 입국을 전면적으로 완전 통제해야 한다."고 주장해 논란에 휩싸이기도 했다. 그 밖에도 지난 2004년 이라크에서 복무하다가 자살테러로 숨진 후미윤의 부모가 무슬림인 것을 비꼬는 것 같은 발언은 미국 무슬림은 물론 각계와 전 세계에서도 인종차별적인 발언이라는 비난을 받았다. 그리고 본격적인 논란은 민주당 전당대회에서 촉발되었다. 전당대회 마지막 날인 10월 28일 이라크에서 2004년 숨진 아들을 둔 키즈르 칸 부부가 찬조 연설자로 등장해 트럼프를 향해 "미국을 위해 무엇을 희생했느냐?"고 물었다. 이들은 이어 품에서 헌법 책자를 꺼내 "헌법을 읽어본 적이 있기는 하느냐?"며 트럼프의 인종·종교적 차별 발언을 비판했다. 칸의 연설이 시청자들의 이목을 끌자 트럼프는 이틀 뒤인 30일 인터뷰를 통해 "나는 사업을 하면서 수많은 일자리를 만들었고, 희생을 했다."고 주장했다. 그러면서 그는 또다시 칸의 아내인 가잘라가 연설에서 아무 말도 하지 않은 것에 대해 "이슬람교에서는 여성에게 발언이 허락되지 않기 때문"이라고 말해 무슬림 비하 발언이라는 논란이 다시 일었다. 당시 각계에서는 전장에서 숨진 군인을 예우하는 미국 문화에서 트럼프의 발언은 감싸기 어렵다는 지적이 이어졌다.

그 발언 이후 공화당 의원들까지 비난하고 나섰다. 폴 라이언 하원의장(공화당)은 성명에서 "칸과 부모의 희생은 언제나 존경받아야 한다."면서 트럼프를 우회적으로 비판하고 나섰다. 그러면서 정가와 언론은 트럼프의 발언에 지지율이 어떻게 움직이고 영향을 미칠지 주목했다. 그러나 트럼프가 거친 발언으로 인종차별적인 말들을 무수히 쏟아내면서 특히 무슬림에 대해서는 혐오에 가까운 '막말'들을 퍼부었음에도 불구하고 그의 지지율이 하락하기는커녕 오히려 계속 상승하고 있었다. 이 원인은 어디에 있을까? 결론적으로 해답을 찾자면 지지율을 움직이는 기반이 무엇인가를 알면 금방 그 해답을 찾을 수 있다. 지지율을 출렁이게 하는 것은 유권자들의 몫이다. 유권자들은 바로 미국의 국민들이다. 그리고 이러한 무슬림들을 '혐오'하는 미국 내 다수 국민들이 바로 백인 중산층이며, 이들의 절대 다수가 도널드 트럼프에게 열광을 하고 있기 때문이었다.

트럼프 대외정책의 향방은?

미국 내 전문가들과 지식인들은 도널드 트럼프의 대선공약을 통한 대외정책을 놓고 많은 우려를 보이고 있다. 왜냐하면 트럼프를 잘 아는 미국 내 전문가들은 "트럼프가 선거과정에서 한 말들을 그냥 선거용으로만 치부해서는 안 된다."고 말하고 있기 때문이다. 트럼프 주변 인사들 가운데 뉴욕시장을 역임한 줄리아니는 "트럼프는 기성 정치인들과 달리 현실을 똑바로 꿰뚫어 보고 남들이 불가능하다는 것을 이룩해 낸 사람"이라며 "그는 보통 사람들과는 다르다는 것을 염두에 둬야 한다."고 말했다.

따라서 미국 내 전문가들은 트럼프 행정부의 대외정책이 대선공약의 발언대로 실행할 것인지에 대해 주목하고 있다. 그들은 일부 심각한 문제들은 수정을 하거나 폐기할 수도 있을 것이다. 하지만 트럼프의 성격으로 미루어볼 때 중요한 문제들까지도 본보기를 보이려 할 것이라 예상하고 있다. 지난 대선에서 트럼프 당선에 크고 많은 도움을 준 남부와 중북부 백인노동자들의 지지에 부응해야 한다. 그런 모습을 보여주기 위해 세계화와 자유무역에 반대하는 이들의 주장에 어떤 형식으로든 화답의 제스처를 취할 것이라는 게 트럼프 측근의 전언이다.

따라서 미국 내 대외정책 전문가들은 다 같이 "트럼프의 외교정책 비전은 미국 동맹국들뿐만 아니라 미국 내에서도 정치적 스펙트럼(범위)을 넘어 모두에게 경보를 울리고 있다."고 지적한다. 그리고 뉴욕타임스는 최근 기사에서 "이제 미국인들은 트럼프의 대외정책에 대해 정책을 만드는 사람들이나 이를 분석하는 사람들이나 국민들 거의가 그의 주장을 심각하게 받아들이고 그의 대외정책 비전을 꼼꼼히 살펴보고 따져봐야 한다."고 강조했다.

공약으로 본
국내 정책

트럼프의 세제개혁

법인세 인하

트럼프가 2016년 대선에서 공약한 내용 가운데 특별한 것은 '법인세 인하'가 가장 큰 문제로 대두된다. 법인세는 국가 간 조세 경쟁의 최전선에서 있다고 해도 과언이 아니다. 법인세는 그만큼 기업의 경쟁력 강화를 위한 정책수단이며 나라마다 활발하게 개편작업이 이루어지고 있는 주요한 세목이 아닌가. 일반론적으로 법인세 인하는 투자활성화나 국가 경제 성장에 기여할 것이라는 게 경제학자들뿐만 아니라 경제전문가나 관련기관장들도 같은 견해를 보이고 있다. 그러므로 법인세 문제는 나라마다 매우 민감하게 작용하는 세목 중 대표적 사안이다. 무엇보다 법인세율을 인하할 경우 세금차감 후 수익률을 증가시켜 중장기적으로 투자를 활성화함으로써 일자리를 창출할 수 있고, 나아가 경제 성장에도 효과가

대통령에 반드시 당선되어 미국을 개조하겠다는 결의를 보여주는 만평.

있기 때문이다. 특히 국제통화기금(IMF)과 G20에서도 경제위기 극복을 위해 감세와 재정지출 확대정책을 동시에 추진할 필요가 있다는 것에 이미 공감대가 형성되어 있는 사항이다. 따라서 국제적으로도 대부분 나라마다 기업의 국가 경쟁력을 높이기 위해 법인세율을 지속적으로 인하하는 추세로 가고 있는 것이 일반적 현상이다.

현재 미국에서 기업(법인)의 경우 연수익이 5만 달러 이상이면 대체로 35%를 세금으로 낸다. 단지 다양한 소득공제(소득 가운데 일부를 과세 대상에서 제외)와 세액공제(소득공제 이후 산출된 세금액 가운데 일부를 면세) 덕분에 실제로 적용되는 세율(실효세: 실제 납부액)은 미국 의회보고서(CRS)에 따르면 실효 법인세율은 26~27% 정도인 것으로 알려진다. 이번 미국 대선에서 트럼프가 주장한 법인세 인하 공약은 미국이 향후 10년간 평균 3.5%의 경제성장을 목표로 현재의 최고 한계세율을 35%에서 15%로 낮추는 게 골자라고 할 수 있다. 이 경우 미국은 경제개발협력기구(OECD) 회원국 중에서 스위스(8.5%)와 아일랜드(12.5%) 다음으로 낮은 법인세율의 국가가 된다. 하지만 많은 경제문가들은 미국이 국가 채무가 높은 상황에서 법인세를 낮출 경우 세수확보를 대체할 수단이 분명하지 않으므로 트럼프의 주장처럼 법인세 인하를 그리 큰 폭으로 내리는 것은 힘들 것으로 전망하고 있다. 그런데도 만약 트럼프 대통령의 대선 공약인 법인세율 인하가 현실화된다면 전 세계의 법인세는 그 방향과 속도가 매우 빠르게 진행될 것으로 보인다. 그러면서 단일 세율로의 단순화와 세율인하로 인해 법인세 인하 경쟁을 더욱 촉발시킬 것으로 전망된다.

개인소득세 감세

트럼프는 유세기간에 모든 미국인에게 개인소득세 감세를 공약했다. 미국의 현행 개인소득세제는 소득 규모에 따라 7개 구간으로 나눠, 수입이 많을수록 높은 세율을 적용한다. 이를테면, 연소득 기준으로 가장 낮은 구간인 '9275달러 이하' 가구는 10%의 소득세를 낸다. 하지만 반대로 가장 높은 소득구간인 '41만5050달러' 이상에는 39.6%의 세율이 적용된다. 트럼프의 공약은 세금을 부가하는 소득 구간을 기존 7개에서 3개로 단순화하겠다는 것이다. 이는 소득 기준으로 최저 구간인 연소득 2만

9000달러 이하 가구(1인 가구 기준)는 소득세를 한 푼도 낼 필요가 없다. 중산층으로 분류되는 연소득 5만4000달러 가구는 12%(힐러리 클린턴 공약 25%)만 납부하면 된다. 게다가 나머지 고소득 가구는 아무리 많이 벌어도 소득세율은 33%를 넘지 않는다. 예를 들면, 연간 1000만 달러를 버는 가구라면 소득세가 현재 396만 달러에서 330만 달러로 줄어든다. 또한 부동산세와 상속세(545만 달러 이하)를 폐지하기로 한다. 물론 트럼프의 개인세제 공약은 부유층의 혜택이 가장 크다.

트럼프는 세금을 파격적으로 낮추는 세제개혁을 통해 기업과 개인의 투자가 활발해지면서 소득이 증가하므로 결과적으로 세수는 오히려 늘어날 것이라고 강조한다. 그래서 트럼프 자신이 연임까지 하게 된다면 8년 동안 국가부채를 19조 달러 줄이겠다고 호언장담했다. 트럼프는 또한 경제성장과 함께 국가부채 상환조건을 재협상하면 빚을 크게 줄일 수 있다고 한다. 이와 반대로 이러한 트럼프의 시나리오가 적중하지 않는다면, 이미 정부지출을 대폭 늘리기로 공약한 것과 맞물려 국가부채가 오히려 폭증할 가능성을 우려하는 전문가들도 있다. 하지만 이것은 트럼프의 세제개혁의 근간이다.

정부지출 확대와 인프라 투자

도널드 트럼프는 또한 정부지출 확대를 약속했다. 1990년대 이후 미국에서 경기부양을 위한 양대 정책 수단이라고 말하는 재정정책과 통화정책 중에서 특히 재정정책을 강조하는 것은 일종의 금기처럼 여겨졌다. 이는 '정부지출은 정부수입 한도 내에서 이루어져야 한다.'는 균형재정이 준칙으로 자리 잡으면서 정부수입이 없는 정부지출 확대는 국가를 몰락으로 몰고 가는 일종의 '매국행위'로 간주한 것이기 때문이다. 그러나 이번 대선에서 트럼프는 도로, 다리, 무선 인터넷 네트워크, 신에너지 등 인프라스트럭처에 대한 대규모 정부지출을 약속했다. 이들 인프라스트럭처 구축은 경제시스템 전반의 효율을 높이면서 일자리까지 창출할 수 있는 확실한 수단이기 때문이라고 판단한 것이다. 게다가 금리가 미증유로 낮기 때문에 정부가 국채발행으로 돈을 빌려도 부담이 크지 않다는 계산이 깔려 있다.

따라서 트럼프는 인프라스트럭처 부문에 무려 5000억 달러(약 560조 원)의 규모를 지출하겠다고 밝혔다. 이어서 이 프로젝트의 이름을 '1조 달러 재건 프로그램'으로 명명함으로써, 미국 정가에서는 연임까지 염두에 두고 자신감을 피력한 것으로 보고 있다. 특히 트럼프는 이에 대해 각종 규제를 완화하여 석유 등 에너지 산업의 규모를 대폭 확대하여 늘어난 세수를 인프라스트럭처 부문에 투자할 계획이라고 구체적으로 발표했다. 그리고 정부지출 확대를 통해 복지제도의 핵심인 사회보장(은퇴자 연금, 장애인 수당, 보육 수당 등)과 메디 케어(저소득층 건강보험)의 혜택을 확대하겠다고 발표했다. 하지만 사회보장과 메디 케어의 혜택 확대는 특히 공화당 당론과도 정면으로 배치되는 것이어서 향후 당내 논란거리로 발전할 소지가 있다.

일자리 창출

트럼프는 각종 개혁을 통해 무엇보다 먼저 현재 미국의 경제성장의 발

최저임금 인상을 요구하고 있는 미국의 노동 시위대.

목을 잡고 있는 실업률을 낮추기 위해 2020년까지 1,200만 개의 일자
리를 창출하겠다는 야심찬 목표를 구체적으로 제시했다. 이를 위해 감세
및 각종 규제를 완화해 재정 건전성을 확보한 뒤 정부지출을 확대한다
는 것이다. 즉각적 인프라스트럭처 투자를 통한 일자리를 창출하겠다는
것이 주요 골자다. 불법체류자 추방을 통한 일자리 회수, 자유무역협정

(FTA) 재협상을 통한 국내 일자리 유지 등의 정책도 포함돼 있다. 트럼프는 그 밖에도 학생 및 기존 직장인에 대한 교육을 강화해 일자리를 창출할 계획을 세우고 있다고 밝혔다. 그는 교육을 통해 새로운 산업에서 일할 수 있는 인재를 많이 키워내는 것이 일자리 창출의 한 가지 방안이라고 주장했다.

트럼프는 특히 미국 내에 비즈니스 활동이 활성화되면 새로운 일자리가 자동적으로 창출된다고 보고 있다. 그가 파격적 법인세 감세 및 규제 완화를 주장하는 이유가 모두 일자리 창출과 맞물려 있는 것이다. 트럼프는 또 일자리 감소 원인을 '지구화'라고 주장한다. 따라서 트럼프는 그동안 '지구화' 자체에 강한 적대감을 드러내왔다. 특히 "미국 정치인들은 공격적인 지구화 정책을 추진하면서 미국의 일자리와 부, 그리고 공장을 멕시코와 해외로 유출시켰다."고 힐난하면서 이를 몽땅 되돌리겠다고 강조했다. 그리고 무역자유화로 수입된 값싼 외국 상품이 토종 제조업과 고용을 위축시키고, 미국 기업들은 노동력을 찾아 해외로 나가 버린다는 것이다. 그나마 미국 내에 존재하는 일자리마저 불법체류자들에게 빼앗겨 버렸다고 주장한다. 때문에 트럼프는 불법체류 외국인 노동자 추방을 일자리 공약과 연계시키고 있는 것이다.

최저임금 인상(10달러)

트럼프는 대선 유세에서 현행 미국 내 최저임금 시간당 7.25달러(약 8100원)를 10달러(약 1만 1200원)로 인상하는 공약을 제시하였다. 이는 샌더스 의원이 펜실베이니아 주 필라델피아에서 열린 민주당 전당대회에서 찬조연설자로 나와 힐러리 클린턴의 최저임금 15달러 공약을 칭찬하면서 "트럼프는 최저임금 인상을 지지하지 않는다. 그는 주 정부가 실질적으로 최저임금을 7.25달러보다 더 낮출 권리가 있다고 믿는 사람"이라고 강하게 비판했다. 그러자 트럼프는 즉각 그에 대한 대응책으로 최저임금 인상을 들고 나왔다. 연이어 "최저임금을 다소 올리고 싶다."면서 "이렇게 최저임금 인상을 말하는 것이 공화당원답지는 않지만, 어쨌든 가난한 이들을 도와야 한다."면서 10달러 인상안을 깜짝 발표한 것이다.

실제로 트럼프가 소속된 공화당은 현재 기업 경쟁력을 저해한다는 등의 이유로 최저임금 인상 자체를 반대하고 있는 상황이다. 그리고 트럼프도 그동안 최저임금에 관한 한 자당인 공화당과 궤를 같이해오던 중 경선 막판인 10월 말 언론과의 인터뷰에서 "사람들이 어떻게 시간당 7.25달러로 살 수 있는지 모르겠다. 어느 정도 인상됐으면 좋겠다."면서 기존의 입장을 바꾸었다. 그리고 트럼프는 "최저임금을 최소한 10달러로 올리겠다."면서 "호황을 누리는 멕시코로부터 내가 우리의 일자리를 다시 찾아오고, 그래서 사람들이 돈을 더 벌게 되면 지금 당신들이 이야기하는 10달러, 15달러는 아무 것도 아니다."고 발언해 추가 인상 가능성까지도 열어 두고 있다.

도드·프랭크 법 폐지

미국의 제45대 대통령에 당선된 도널드 트럼프의 정권인수 팀은 11월 10일 트럼프의 선거공약대로 도드·프랭크법(Dodd·Frank Rule)을 폐지하고 새로운 법률로 이 법을 대체할 것임을 밝혔다. 흔히 '금융족쇄'

라고도 부르는 도드·프랭크법은 오바마 행정부가 2008년 발생한 금융 위기의 재발을 방지하기 위해 2010년 7월 발표한 광범위한 금융개혁법을 말한다. 그러나 트럼프 대통령 당선자는 대선기간에 "도드·프랭크법안이 금융회사들에 대한 규제와 감독을 강화하는 한편, 금융소비자 보호를 주요 내용으로 하고 있다."면서 "미국의 경기 회복과 경제 성장에 전혀 도움이 되지 않는다는 게 분명하다."며 이 법안의 폐기를 간접적으로 언급한 바 있다.

그리고 최근 트럼프 당선자 정권인수 팀은 "도드·프랭크 법안의 지지자들은 이 법안이 미국 경제를 부양할 것이라고 주장하고 있다."면서 "그러나 법안 시행 이후 6년이 지난 지금도 미국은 대공황 이후 가장 느리고, 가장 약하며, 가장 미지근한 경기회복에 놓여 있다."고 주장했다. 이어 인수팀은 오바마 행정부 10년 동안 임금은 정체되었고, 저축은 고갈됐으며, 수백만 명이 실직했거나 불완전 고용상태인데 또 다른 수백만 명은 직장을 잃었다고 덧붙였다.

그 밖에도 경제성장률은 장기 평균 2%이하에 놓여 있으며, 특히 대형 은행들은 더 거대해지는 반면, 지역 금융기관은 하루에 한 개꼴로 사라진다고 맹비난한다. 또 정권인수팀은 "도드·프랭크 법안은 근로자들을 위해 작동하지 않는다."고 지적하면서 "경제 성장과 일자리 창출에 도움이 되는 새로운 정책으로 대체할 것"이라고 밝혔다.

오바마 정부가 2010년 7월 발표한 도드·프랭크법의 주요 내용은

(1) 중요 금융회사에 대한 규제 강화.

(2) 금융감독기구 개편.

(3) 중요 금융회사 정리절차 개선.

(4) 금융지주회사 등에 대한 감독 강화.

(5) 지급 결제 시스템에 대한 감독 강화.

등을 담고 있는 광범위한 금융개혁법이다. 그리고 미국 금융 감독 당국은 이 법에 의거해 구체적인 실행계획을 잇따라 발표하고 있다. 특히 금융기관의 위험투자를 제한하기 위해 상원의원 폴 볼커(Paul Volker)가 제안한 볼커 룰(Volker rule)은 이 가운데 금융지주회사에 대한 감독강화 방안의 하나로 포함된 것이다. 그뿐만 아니라 드도·프랭크법은 은행의 업무영역을 엄격히 구분해 상업은행은 상업은행의 업무만, 투자은행은 투자은행의 업무만 하도록 제한한 1930년대 글래스·스티걸법의 부활이라는 평가를 들을 만큼 좋은 법안으로 인정받고 있다. 금융전문가들은 도드·프랭크법안이 폐지되면 2008년의 모기지 대란과 같은 금융위기가 언제든지 다시 닥칠 가능성이 있다고 지적한다. 따라서 이 법안의 폐지에 대해 금융계의 관심이 쏠리고 있다.

'오바마 케어 폐기' 공약

도널드 트럼프의 대선 공약 가운데 진보와 보수를 떠나 수많은 사회적 약자들이 우려하고 있는 것이 바로 '오바마 케어' 폐기안이다. '오바마 케어'란 오바마 대통령이 2010년 3월 '오바마 케어'를 알리는 대통령 행정명령서에 서명을 하면서 공식적인 출현을 알리는 건강보험 개혁법의 신호탄이다. 이후 이를 반대하는 공화당을 비롯한 보수주의자들은 메디 케어의 근간을 흔드는 오바마 케어를 의회에서 폐기시키겠다고 호언장담했다. 하지만 그런 반대를 무릅쓰고 묵묵히 진행되어 온 오바마 케어가 미국의 의료시스템 전반에 대변혁을 가져오는 선구자로 등장했다. 그러면서 그동안 의료보험 혜택을 받지 못했던 3,200만 명에 달하는 미국인들이 의료보험 혜택을 받게 된 것이다.

그리고 오바마 케어는 2014년까지 전 국민의 건강보험 가입을 의무화하는 내용을 골자로 하며, 국가에서 운영하는 제도지만 국민들은 각자 선택에 따라 사보험에 가입해야 한다. 그 대신 정부가 비용부담을 보조하여 무보험자의 의료보험 가입을 의무화한다는 것이 주요 골자이다. 의무화 가입기간 내에 이를 이행하지 않으면 벌금을 부과하게 되지만 말이다. 미국 정부는 '오바마 케어'가 정상적으로 작동될 경우 미국 국민의 95%가 건강보험 혜택을 받을 것으로 전망하고 있다. '오바마 케어'의 모든 플랜은 의료비용 커버리지가 큰 순서대로 프리미엄(90%), 골드(80%), 실버(70%), 브론즈(60%)의 4단계 플랜이 제공된다. 당연히 커버리지가 클수록 보험료는 올라간다. 가입자는 이들 중에서 월 보험료와 커버리지를 고려하여 자신에게 가장 적합한 플랜을 선택하면 된다. 당시 오바마 대통령은 건강보험 개혁법을 시행하면서 한국의 의료보험 제도를 여러 차례 칭찬한 바 있다.

이제 겨우 자리를 잡아가고 있는 오바마 케어를 만약 트럼프가 자신의 선거 공약대로 폐기하게 된다면, 이는 미국 내 1,600만 명에 이르는 저소득 계층의 수혜자가 의료보험을 잃어버리도록 하는 것이다. 그렇게 된다면 트럼프는 진보 지식인들이 우려하는 극우로 지탄받게 될 것이고, 나아가 반흑인 인종주의자, 심지어 파시시트로까지 비판을 받을 수 있다.

이는 미국 국내총생산(GDP)의 약 15%에 이르는 의료 부문에서 가장 중요한 개혁으로 꼽히고 있기 때문이다. 따라서 이 부문에 대해서는 많은 사람들이 우려의 눈길을 보내고 있어 앞으로 어떻게 대처해 나갈 것인지를 지켜 볼 수밖에 없다.

트럼프를 보는
주요 우방들의 눈

트럼프는 대선기간 중 유세에서 "일본, 독일, 한국과 같은 나라와 이제는 오랜 동맹관계에서 철수할 준비를 해야 한다."고 주장했다. 특히 우리 한국은 2차 세계대전 이후 태평양 지역에서 미국의 존재를 적극 지지했고, 미국과의 동맹은 중국을 견제하는 데 핵심적인 역할을 해왔다. 게다가 일본은 아시아 지역에서 그리고 독일은 유럽 지역에서 각각 경제의 핵심주체들이다. 그럼에도 불구하고 주요 우방들의 눈길은 트럼프 당선에 우호적이지 않다.

일본은 트럼프를 어떻게 보는가?

자국 이기주의를 내세우는 트럼프가 당선됨으로써 일본은 특히 두 가지 측면에서 매우 민감한 반응을 보이며 긴장하고 있다. 트럼프 당선에 따라 먼저 보후무역주의와 엔고를 크게 우려하고 있는 것으로 나타났다.

그리고 트럼프가 유세기간에 주장해 온 TPP(환태평양경제동반자협정) 파기, NAFTA(북미자유무역협정) 재협상 처리를 선결 과제로 처리할 것이라는 전망에 따라 수출로 먹고사는 일본으로서는 매우 우려할 심각한 사태에 직면했다. 연이어 대책 마련에 부심하고 있는 것으로 알려졌다. 일본 경제전문지 산케이는 최근 기사에서 "일본이 먼저 직격탄을 맞을 가능성이 높은 분야는 자동차 업계이므로, NAFTA 재협상은 멕시코에 해외 공장이 많은 일본으로서는 일종의 벽으로 작용하게 된다. 그래서 이에 대한 전략 수립을 서둘러야 한다."고 지적했다. 실제로 트럼프가 당선된 다음날인 9일 엔화가치가 한때 달러당 101엔까지 치솟아 일본 경제계를 불안하게 만들었다. 일본중부경제연합회의 도요타 회장은 "'1달러=100엔'을 웃돌 정도로 엔고가 진행될 경우 일본 내에서 2016년 1000만대를 생산하고, 500만대를 수출하는 자동차 전략 자체가 무너질 우려가 있다."고 설명했다. 이어 그는 "미·일 관계가 급속하게 변화할 거라는 생각이 든다. 하지만 향후 정책운영에서 보후무역주의가 확산되지 않기를 희망한다."고 덧붙였다.

 또한 일본의 자동차 관련업체들이 크게 불안해하는 것은 미국과 멕시코와의 관계이다. 일본의 자동차 부품소재 업체들이 미국 수출의 거점으로 멕시코에 많은 공장을 두고 있기 때문이다. 올해 4월 멕시코에 자동자용 유리공장을 신설한 아사히글라스의 시마무라 사장은 "트럼프의 대선공약 발언이 현실이 되면 엄청난 타격을 받을 것"이라고 경고했다. 일본 정부는 수출 주력상품인 자동차뿐만 아니라 여타 일본 제품을 적대시하는 발언을 거듭해온 트럼프 행정부가 일본 제품 대미수출 전반에 악영향을 미칠 수 있다며 우려하고 있다. 특히 북미의 건설기계시장에서 미국 캐터필러와 치열한 점유율 경쟁을 벌이고 있는 일본의 고마츠와 관련해 트럼프는 대선기간에 "미국의 캐터필러는 엔화 약세로 고마츠와의 경쟁이 어려워지고 있다."고 말했다. 그리고 닛산 자동차는 2017년 멕시코에 합작 공장을, 도요타 자동차는 2019년 멕시코에 공장건설을 계획하고 있다. 이에 따라 멕시코 국경에 벽을 쌓겠다고 주장한 트럼프가 NAFTA 재검토까지 강행한다면 일본 자동차 산업은 큰 타격을 받게 될 가능성이 높다. 그뿐만 아니라 일본자동차 메이커의 북미 생산·판매 전략 역시 대폭적인 수정이 불가피하게 될 전망이다.

일본 정부는 또한 반덤핑 과세 적용을 받고 있는 철강업계도 트럼프 행정부의 보호무역주의 정책에 따라 어려워질 전망이어서 신경을 곤두세우고 있다. 미국이 2016년 일본 열연강판과 냉연강판에 잇따른 반덤핑 과세 적용을 결정함에 따라 트럼프 행정부가 반덤핑 제제에 나설 것이라는 견해가 한층 더 우세하다. 따라서 일본 정부는 트럼프 행정부가 향후 일본 경제에 미칠 악영향이 심각할 것으로 판단하고 대책 마련에 부심하고 있다. 한편 아베 신조 정부는 트럼프가 여러 정황상 정책을 대폭 수정할 가능성도 배제하지 않고 있다. 그리하여 TPP 파기에 대응한 협상력을 높이기 위해 다각도로 트럼프 측과 회동을 추진하고 있다. 특히 비즈니스 경험이 풍부한 트럼프가 새로운 시각으로 미국 경제를 이끌어 가기를 기대하며 발 빠르게 움직이고 있다. 그러므로 경제전문가들은 한국도 일본의 동향을 철저히 파악·분석하면서 이를 참고해야 한다고 조언한다.

독일이 보는 트럼프

미국의 전통 우방인 독일은 경제문제로 고심하는 일본 정부와는 달리 현재 트럼프의 당선으로 향후 전개될 유럽의 문제를 놓고 깊은 우려를 하고 있는 것으로 나타났다. 앙겔라 메르켈 독일 총리는 23일 연방하원 정책토론에서 트럼프 미국 대통령 당선자의 환태평양경제동반자협정 (TPP)의 파기 공약에 대해 큰 불만을 드러냈다. 메르켈 총리는 이날 "솔직히 말해 TPP가 당장 현실화하지 않을 것 같아 기분이 매우 나쁘다. 그 때문에 누가 이익을 챙기게 될지 모르겠다."면서 "나는 한 가지 사실을 알고 있다. 앞으로 체결될 무역협정들은 TPP나 현재 미국과 협상 중인 범대서양무역투자동반자협정이 담게 될 모델과는 크게 다를 것이라는 점이다."고 발언한 것을 현지 언론들이 급히 타전했다. 그리고 이날 영국의 파이낸셜타임스는 "앙겔라 메르켈 총리가 4선을 위한 선거운동을 '반트럼프 전략'으로 시작했다."고 보도했다.

온 유럽이 최근 몇 년 사이에 심각한 난민 위기와 경기침체로 우경화 바람이 거세게 불고 있는 데다, 이번에는 도널드 트럼프가 미국의 대통령에 당선됨으로써, 독일과 메르켈 총리의 역할에 전 유럽의 이목이 집중되고 있다. 비록 내년 총선에서 메르켈이 4선에 성공을 한다고 하더라도 현재 유럽이 도전을 받고 있는 과제들을 쉽게 풀어나가기 어려울 것으로 현지 언론들은 전망하고 있다. 영국, 프랑스, 이탈리아 등 유럽 주요 선진국에서는 이미 극우파가 크게 득세하고 있는 데다, 유럽연합에 대한 회의주의가 팽배하기 때문이다. 영국은 이미 지난 2016년 6월 국민투표로 '유럽연합탈퇴(브렉시트)'를 결정한 바 있다. 프랑스는 중도좌파 사회민주당의 프랑수와 올랑드 정부가 겨우 4%라는 바닥 지지율을 헤매고 있는 가운데, 역시 유럽연합 탈퇴를 공언하는 극우정당 국민전선이 2017년 대선에서 집권을 넘볼 만큼 약진하고 있다. 또 이탈리아는 12월 상원 권한 축소와 정치개혁이 요체인 헌법개정 국민투표를 앞두고 있으며, 중도좌파 민주당의 마테오 렌치 총리는 국민투표가 부결되면 사임을 하겠다며 배수진을 치고 있다. 그 밖에도 개헌 투표가 부결되면 유럽연합 탈퇴를 주장하면서 부상하고 있는 신생정당인 오성운동이 2018년 총선에서 집권할 가능성도 조심스럽게 제기되고 있다. 결국 이는 모두 유로존 단일 통화 체제의 약화와 유럽연합의 균열을 가속시킬 악재로 작용하고 있다. 이런 가운데 독일의 앙겔라 메르켈 총리가 유럽연합의 결속과 진보적 가치를 위해 외롭게 싸우고 있는 형국이다.

또한 독일은 트럼프 미국 대통령 당선자가 친러시아 정책 및 대외 개입 최소화 정책으로 생겨날 동유럽 안보 공백에도 온통 신경을 써야 할 처지다. 러시아는 우크라이나를 침공해 크림반도를 합병하고 발칸 반도에서 군사훈련을 강화하는 등 동유럽에서 공격적 팽창정책을 펼쳐왔다. 또 시리아 내전에 깊숙이 개입하면서 지중해와 중동 지역까지 세력권을 넓히고 있다. 그러나 트럼프 당선자는 선거 운동 기간 중 여러 차례 블라디미르 푸틴 러시아 대통령에게 러브 콜을 보냈다.

그뿐만 아니라 미국과 유럽의 군사동맹인 북대서양조약기구(NATO·나토)와의 '관계 재설정'을 공언하기도 했다. 러시아를 '가상의 적'으로 규정하는 유럽의 안보 개념 자체가 흔들리고 있다는 지적이 제기되고 있다. 독일로선 러시아에 대한 제재 강화로 맞서는 것 역시 쉽지 않아 보인다. 트럼프 쪽에서 이미 '러시아 제재'를 독자적으로 해제할 방침까지 내비쳤기 때문이다. 여기에다 독일은 트럼프 행정부가 취할 보호무역주의도 유럽 최대 경제 강국인 독일에 걸림돌이 될 것으로 우려하고 있다. 독일 역시 제조업 경쟁력이 뛰어난 수출 주도형 국가로서 무엇보다 시장 장벽이 없는 자유무역 체제가 절실하기 때문이다.

한편, 도널드 트럼프의 조부모가 유년시절을 보낸 독일의 칼슈타트 지역의 주민들조차 트럼프의 당선에 시큰둥한 반응을 보이고 있다고 한다. 이는 8년 전 미국 대통령으로 오바마가 당선되었을 때와는 사뭇 다른 분위기이다. 오바마가 당선되었을 당시 오바마 아버지 고향인 케냐의 코겔로가 기대와 흥분으로 들썩인 적이 있었다. 그러나 트럼프 조부모의 고국인 독일에서는 최근 토마스 야보렉 칼슈타트 시장이 "트럼프가 부동산으로 거부가 되었지만 지금 그와 관련된 사람들은 아무도 이 마을에 살고 있지 않는다."면서 "왜 우리가 트럼프를 자랑스러워해야 하느냐?"고 AFP통신과의 인터뷰에서 발언한 사실이 회자되고 있다. 그리고 트럼프 조부모와 같은 마을 주민 에델가르트 켈러만(62) 씨는 "트럼프의 조상 역시 경제적 이유로 고향을 떠난 난민의 후손"이라며 "다른 사람들에게도 같은 기회를 줘야 한다."고 덧붙였다고 한다.

영국, 브렉시트와 트럼프 대통령 승리의 닮은 점

영국의 언론들은 전반적으로 트럼프 당선을 브렉시트(Brexit)와 같은 반열에 올려놓고 분석하는 경향이 있다. 이와 함께 최근 미국의 CBS도 영국인들이 사전 여론조사를 할 때와 달리 브렉시트를 선택한 것처럼 "트럼프와 브렉시트 지지자들의 공통점은 분노와 불만"이라고 보도했다. 그러고 는 "기성 정치에 대해, 그리고 이민자 등에게 기득권을 빼앗겼다고 생각 하는 국민들의 불만이 분출된 것"이라고 분석했다.

그리고 트럼프도 24일 자신이 소유한 영국 스코틀랜드 서부 턴베리 골 프장 재개장식에 참석한 자리에서 브렉시트와 관련해 "영국은 유럽연합 (EU)으로부터 그들의 나라를 되찾았다."면서 "그것은 영국인이 위대한 결정을 한 것"이라고 말했다. 그는 또 "영국 국민들은 국경을 넘어오는 이민자들에게 매우 화가 났던 것"이라고 덧붙였다. 이제 영국의 EU 탈퇴 가 공식화되면서 글로벌 신고립주의가 유럽과 미국 전반으로 확산되는 것이 아니냐는 깊은 우려가 나오고 있다.

무엇보다 이 같은 흐름은 이성보다는 감성에 호소하는 포퓰리즘의 세계 적인 확산과 맥락을 같이한다는 점에서 더욱 우려의 목소리가 커지고 있 다. 영국 BBC는 최근 브렉시트와 트럼프 열풍의 공통적인 키워드 가운데 하나로 포퓰리즘을 꼽았다. 트럼프의 강력한 지지층이 고졸 이하 백인이 고, 브렉시트 투표에서도 학력과 소득이 낮은 지역일수록 탈퇴를 선호했 다는 것이 사실로 나타났기 때문이다. 〈자본주의 4.0〉의 저자인 경제평 론가 아나톨 칼레츠카는 "엘리트와 전문가, 기성 정치인이 나라를 이끄 는 방식이 마음에 들지 않고, 특히 자신들이 사는 나라의 일에 다른 국가 가 영향을 미치는 것이 큰 불만인 세력을 부추기는 것은 결국 정치인들" 이라고 지적했다. 그러면서 "앞으로 전 세계적으로 이런 분위기를 악용 하려는 포퓰리스트들이 확산될 전망"이라고 예측했다. 실제 이미 반이민 정서로 급부상한 유럽의 극우세력들은 브렉시트를 거론하면서 유로존의 탈퇴를 부추기고 있다.

영국 BBC방송은 브렉시트의 현실화를 트럼프의 승리 '신호'라고 분석했다. 이어 BBC는 최근 영국의 유럽연합 탈퇴를 주도한 보리스 존슨 외무장관과 미국 대통령 당선자 도널드 트럼프가 입을 맞추는 모습을 묘사한 벽화가 영국 브리스톨의 거리에 그려져 있는 모습을 방영하기도 했다. 이는 지난 6월 젊은 세대의 정치 참여를 독려하는 캠페인 단체 '위아유럽(We Are Europe)'이 영국 국민투표에 참여하라는 메시지와 함께 그린 벽화로 유명하다. 이 단체는 러시아 화가 드미트리 브루벨이 1980년 베

젊은 세대의 정치 참여를 독려하는 캠페인 단체 '위아유럽 (We Are Europe)'이 브리스톨 거리에 그린 벽화. 보리스 존슨 외무장관과 도널드 트럼프가 입을 맞추는 모습을 묘사한 것으로 영국 국민 투표에 참여하라는 의미가 담겨있다.

트럼프 시대 **트럼프를** 말하다

를린 장벽에 그린 '형제의 키스(Brother's Kiss)'에서 영감을 얻었다고 설명한다. 1970년대 소련 공산당 서기장 브레즈네프와 동독 공산당 서기장 에리히 호네커의 입맞춤을 묘사한 '형제의 키스'의 부제는 '주여, 이 치명적 사랑을 이겨내고 살아남게 도와주소서.'였다.

지난 미국 대선에서 도널드 트럼프가 대통령에 당선된 소식은 전 세계를 충격에 빠뜨린 일대 '사건'이었다. 특히, 영국의 BBC방송은 트럼프의 승리를 알리면서 이번 트럼프의 승리는 브렉시트 못지않게 전 세계를 경악시킨 정치적 사건이었다고 평가했다. 그리고 두 사건의 공통점을 다음과 같이 5가지로 분석했다.

첫째, 성난 민심

영국의 유럽연합 탈퇴운동을 주도한 인물은 영국의 집권 보수당 보리스 존슨 외무장관(전 런던시장)이다. 트럼프와 존슨은 기존 정치권에 불만이 많은 일반 대중의 정서를 파고들었다. 영국 내에서는 유럽연합의 회원국으로서 얻는 이익보다 손해가 크다는 인식이 팽배했다. 영국민들은 독일 다음으로 분담금을 많이 내면서도 혜택을 받지 못하고 있다고 인식하고 있었다. 이는 '영국이 우선이다.'는 구호가 나온 배경이기도 하다. 당시 존슨은 이러한 성난 민심을 등에 업고 "유럽연합 이민정책 때문에 영국이 중범죄를 저지른 이민자를 추방하지 못하고 있다."는 발언으로 성난 민심을 더욱 부채질했다. 트럼프 역시 "언론과 정치 엘리트들에게 더 이상 나라를 맡겨서는 안 된다."면서 "미국을 다시 강하게 만들자."는 공약을 내세워 백인 중산층의 민심을 얻을 수 있었다.

둘째, 세계화 역풍

비단 영국뿐만 아니라 미국의 백인계층 노동자들도 세계화로 인해 자신들의 삶이 피폐되고 있다고 믿고 있다. 이민자 증가, 자유무역, 기술발전과 같은 복합적인 배경은 특히 이들 백인계층의 일자리와 수입의 안정성을 위협하고 있다고 생각한다. 그런데도 미국과 영국의 정책 입안자들, 즉 기득권층은 이와 같은 인식의 문제들을 해결하는 데 실패한 것이다. 이를 두고 BBC는 "주류질서에 대한 반항"이라며, "만약 유럽연합 탈퇴 진영이 승리한다면 반세계화 정서가 우리의 생각보다 훨씬 더 빠르고 강력하게 확산될 것"이라고 논평했다.

셋째, 이민자를 향한 분노

영국과 미국 경제전문가들은 자국의 임금정체 문제가 이민자 탓인지 로봇 탓인지를 놓고 논쟁한다. 그럼에도 불구하고 이민자를 향해 분노하는 기존 노동자들은 이러한 논쟁에 거의 관심을 기울이지 않고 무조건 이민자들의 탓이라고 불만을 토로하고 있다. 미국 실리콘밸리에서 개발된 기술을 탓하기보다는 인근 국가들에서 불법으로 건너온 이민자들에게 더욱 분통을 터뜨리면서 기득권 정치를 불신하고 있는 것이다.

넷째, 잃어버린 자긍심

한때 세계를 호령하면서 '해가 지지 않은 나라' 대영제국의 권위와 세계 경찰을 자임하면서 지구촌을 쥐락펴락하던 미국의 국민들로서는 과거 영광에 대한 자부심에 큰 상처를 입고 있다고 여긴다. 또 좋은 일자리

트럼프 시대 트럼프를 말하다

영국 런던에서의 브렉시트(Brexit) 관련 시위

를 찾기 어려운 현실에 직면한 남성 노동자들은 그들의 아버지나 할아버지처럼 혼자 벌어서는 가족을 더 이상 부양할 수 없는 처지에 더욱 분통을 터뜨리고 있다. 그런 대영제국의 긍지를 가진 영국민들은 특히 자국의 통치권을 유럽연합에 넘겨줬다는 데 대해 더욱 큰 상실감을 갖고 있다. 이런 정서에 유럽연합을 탈퇴하면 더욱 강해지고 번영하여 옛날의 자존심을 회복할 수 있다는 탈퇴파 정치인들의 부추김이 효력을 발휘할 수 있게 한 것이다.

　게다가 미국은 트럼프 지지자들 사이에 오바마 대통령의 '일본 사과 방문(apology tour)'이 미국의 명성을 더럽혔다는 정서가 깔려 있다. 실제로 오바마 대통령은 히로시마 원폭투하 71년 만 인 지난 5월에 미국 현직 대통령으로는 최초로 히로시마를 방문했다.

다섯째, 포퓰리즘(대중인기주의)

보리스 존슨과 도널드 트럼프는 복잡한 문제를 해결할 수 없는 단순한 해법을 내놓고 이성이 아닌 감성에 호소하는 성향이 있다. 이들은 다 같이 한 가지 표적을 정해 놓고 반복적으로 설득하면서 밀어붙이는 경향을 가진 인물들이다. 이렇듯 두 지도자는 성과를 도출하기 위해 이성적 접근보다는 감성적 접근으로 성난 민심을 부추기는 데 뛰어난 연설가라는 공통점을 갖고 있다.

이처럼 차기 미국 정부를 이끌어나갈 제45대 대통령에 도널드 트럼프 공화당 후보가 미국 대통령에 당선됨으로써, 이제 미국은 물론 유럽도 트럼프를 통칭하는 신조어 '트럼피즘(Trumpism)'이라는 단어 앞에서 단지 영국만을 제외한 전 유럽이 떨고 있다. 트럼피즘은 미국 우선주의, 북대서양조약기구 무용론, 보호무역주의, 파리기후협약 무력화, 반이민, 이슬람 혐오, 인권 및 다양성과 소수자 무시, 부자감세 및 복지 축소 등 트럼프 당선자가 취하고 있는 입장과 태도를 고스란히 통칭하는 신조어이다.

브렉시트란(Brexit)?

브렉시트란 British(영국)와 Exit(탈퇴)의 합성어로, 영국의 유럽연합 탈퇴를 말한다. 지난 2012년 말 유럽연합에 재정위기가 닥치자, 2013년 1월 보수당 소속 데이비드 캐머런 영국 총리가 블룸버그와의 인터뷰를 통해 브렉시트 여부를 묻는 국민투표를 실시할 용의가 있음을 처음으로 밝혔다. 캐머런 총리는 2015년 5월 영국 총선 당시 보수당이 재집권에 성공할 경우, 2017년 이전에 브렉시트에 관한 국민투표를 실시하겠다는 공약을 발표했다. 그리고는 2016년 6월 23일 국민투표를 실시해 과반수의 지지로 EU 탈퇴를 공식화했다.

영국이 브렉시트를 했던 이유는 두 가지 큰 이유가 있었다. 하나는 EU회원국은 공동정부 운영을 위해 각국의 경제규모에 따라 부담금을 지불한다. 영국은 2014년 현재 부담금으로 43억 유로(6조 4,500억 원)를 지출했다. 이는 독일·프랑스에 이어 세 번째로 많은 부담금을 낸 반면 EU로부터 받는 예산 규모는 상대적으로 적은 회원국 중 12번째로 인해 불만이 컸다. 그리고 EU와 한 몸이 되면서 상대적으로 가난한 동유럽 이주민이 늘어나고 그 결과 영국인들의 실업률이 높아졌다. 게다가 최근 시리아 난민 문제와 이슬람국가(IS)의 테러 위협이 점점 더 커지자 결국 브렉시트를 결정하는 계기가 된 것이다. 그러나 브렉시트는 영국 경제엔 악재로 작용한다. 관세와 각종 규제가 전혀 없던 EU 내 무역에서뿐만 아니라 EU가 세계 각국과 체결한 자유무역협정(FTA)에서도 제외되기 때문이다. 이에 따라 덩달아 수입물가는 오르고 수출량은 줄어들 수밖에 없어 경제성장률 하락에도 영향을 받을 수밖에 없다. 특히 브렉시트는 우리 한국에도 악영향을 미치게 된다. 한국 주식시장에서 큰 손 중 하나인 영국 자금이 우리 증시와 FTA체결 국가 가운데서 수입규모가 네 번째로 크기 때문에 통상에서도 불리할 수밖에 없다.

트럼프
대선 공약 파장

　흔히 '인생 70세는 그 고집으로 말하자면 고래 힘줄보다 더 질기다.'는 옛말이 있다. 파란과 돌풍을 일으키면서 미국 대통령으로 당선된 트럼프의 나이가 70줄이다. 그래서 극단적 보수주의자이자 국수주의자인 트럼프의 '거칠고 날선' 공약들이 세계 정치와 경제에 더욱 큰 파장을 몰고 올 것이라는 예측이 난무한다. 대의 민주주의 역사에서 어느 시대 어느 나라를 막론하고 대통령의 공약을 제대로 다 이행한 사례는 없다.

　하지만 트럼프의 경우는 조금 다르다고 할 수 있다. 그는 변화에 마주한 미국의 역사적 '숙명' 앞에서 천명한 공약들이기 때문에 가능한 자신이 주장한 공약을 이행하려고 노력할 것이다. 실제로 2015년 한 해 동안 중국의 대미 무역흑자는 무려 3,660억 달러(약 428조 원)에 달해 미국의 불만을 도널드 트럼프 당선자가 대변하고 있다는 분석이 팽배한 입장이다. 이에 따라 글로벌 마켓 전문가들은 모두 트럼프가 취임하면 양국 간

트럼프 시대 **트럼프를** 말하다

중국 제3의 직할시 텐진에 위치한 국제 무역항

무역 갈등이 치솟아 오를 것으로 예측하고 있다.

　물론 미국이라는 나라의 정치체제는 우리나라처럼 제왕적 대통령으로 군림하는 것이 아니므로 트럼프가 쏟아낸 공약들을 자신의 뜻대로 관철할 수는 없다. 왜냐하면 미국의 정치는 대통령 자신의 욕망이나 주장대로 움직일 수 있는 것이 아니라 삼권분립이라는 민주주의 정치시스템에 의해 운영되기 때문이다. 그러나 트럼프는 지난 2016년 대선 유세에서 다양하고도 심각한 국내외 문제들을 언급했다. 이들 문제는 단순한 정치적인 선거 공약이 아니라 다수 미국인들이 원하는 변화와 깊이 얽힌 문제점들이다. 따라서 변화의 기류 위에 선 트럼프는 자신이 공약한 사항들 상당수를 가능한 한 이행하려고 노력할 것이므로 더욱 큰 파장이 예상된다. 미국 상무장관으로 발탁된 윌버 로스도 "미국이 다른 나라와 무역협상을 할 때 강경한 입장을 취할 것"이라면서 중국을 겨냥한 날선 발언을 쏟아냈다.

트럼프의 대중국관계

트럼프의 대선 발언과 공약을 들여다보면 트럼프 행정부 대외정책의 가장 큰 관심은 역시 대중국관계라고 할 수 있다. 그런데 오바마 정부와 달리 트럼프 행정부의 대중국 관계는 악화일로에 빠져들 가능성이 매우 높다. 트럼프가 지적한 대중관계의 가장 큰 문제점은 중국을 환율조작국으로 지정해야 한다는 것이다. 이는 중국산 수입품에 대한 고율의 관세(45%)를 물리겠다는 트럼프 진영의 확고한 정책 가운데 하나이다. 만약 공약대로 실현된다면 미국과 중국은 대규모 무역전쟁으로 치달을 것이고, 나아가 세계 경제는 예측하기 힘든 상황으로 빠져들 수가 있다.

G2 국가의 '용쟁호투'

많은 경제전문가들은 미국과 중국이 '용쟁호투'를 벌이게 될 경우 세계 경제에 재앙이 몰려올 것이라고 분석한다. 그렇다면 두 거대 경제국가가 정말 '용쟁호투'를 벌일 것인가? 트럼프의 날선 대중국 발언에 대해 벌써부터 트럼프 행정부의 향후 정책 수행 향방에 전 세계의 관심이 집중되고 있다. 일단 그는 대통령 당선 수락 연설에서는 종래의 막말에 가까운 과격하고 거친 발언들을 쏟아낼 때의 모습과는 달리 의젓하고 품위있는 모습을 보였다. 그런데도 선거기간 워낙이 거친 폭언과 기행을 일삼아왔기 때문에 긴장의 끈은 놓지 못하면서도, 가장 큰 관심을 모으고 있는 대중국과의 관계를 어떻게 끌고 갈 것인가에 이목이 쏠리고 있다. 트럼프가 대선기간 내내 중국을 향해 내뱉었던 주요 발언은 크게 두 가지로 요약할 수 있다. 하나는 미·중 양국 간 불균형 교역문제에 강한 불만을 토

트럼프 시대 **트럼프를** 말하다

미국의 항공모함

로한 것인데, 트럼프가 이 문제를 어떻게 해결할 것인가 하는 것이다. 또 다른 하나는 남중국해를 중심으로 하는 아시아에서의 지정학적 패권경 쟁에서 그가 어떤 대항 자세로 나올 것인가 하는 문제로 귀결될 수 있다. 트럼프는 이 두 현안에 대하여는 대선기간 너무나 초강경 자세를 취했 다. 따라서 만약 트럼프의 공약대로 대중국 문제를 끌고 간다면 세계경 제는 걷잡을 수 없는 회오리바람 속으로 빠져들게 될 가능성이 매우 높 아진다. 따라서 온 세계가 주목을 하지 않을 수 없는 것이다. 그동안 언 론에서 이 문제를 분석하고 제기해 온 각종 칼럼이나 해설 등을 통해 조 명해 보기로 하자.

미국 내 반응, '트럼프 성급한 조치는 금물'

무엇보다 미국 내 많은 경제전문가들은 트럼프가 대중국 문제에 대해 치밀한 사전 대책을 마련하지 않고 성급하게 덤비는 것은 우려할 만한 문제라고 지적한다. 실제로 트럼프가 대통령에 취임하면 중국에 대한 무역압력을 가할 수 있는 많은 제제 수단을 가지게 된다. 이를테면, 지난 1974년 제정된 무역법으로 미국이 불합리하거나 차별적 무역관행을 하고 있다고 생각하는 중국에 대해 무제한의 관세를 부과할 수 있다. 그리고 세계무역기구에서 중국을 제소할 수도 있다. 그러나 이런 이의제기는 과거의 경험에 비추어 볼 때, 절차상 몇 년이라는 시간이 걸릴 수 있으므로 실효성을 발휘하기가 쉽지 않다.

트럼프는 중국이 미국을 제물로 무역과 관련한 미국 내 실업자를 양산하고 있다는 주장을 펼치면서 무역의 글로벌화를 강도 높게 비난하고 있다. 그는 당선되면 중국을 즉각 환율조작국으로 지정하고, 중국에 대한 무역 분쟁을 제소하고, 그래도 중국이 트럼프의 시각에서 불공정 무역관행을 시정하지 않으면 보복관세를 부과하겠다고 공언했다. 이런 트럼프의 공약은 노동자 계층이 많은 민주당 텃밭지역을 중심으로 이례적인 지지를 이끌어냈다. 그리고 이들의 표심이 이번 트럼프 당선에 큰 역할을 한 것으로 분석되고 있다.

따라서 클린턴 및 오바마 행정부에서 일했던 경험이 풍부한 서머스 전 재무장관은 최근 트럼프를 향해 "중국이 '남용'하는 것을 수정하기 위해서는 현행 무역관련 법률 범위내에서 해결방안을 적용해야 할 것"이라고 촉구했다. 그러면서 "만약 트럼프가 취임 초기부터 중국을 환율조작국으

트럼프 시대 **트럼프를** 말하다

로 지명하는 것은 성급한 조처가 될 수 있다."고 지적했다. 현재 중국의 경제 성장이 자칫 경착륙으로 향할 수 있고, 나아가 전 세계경제가 불황을 겪고 있는 상황에서 미·중 두 나라가 무역전쟁으로 치달을 경우 세계경제는 걷잡을 수 없는 혼란을 야기할 수 있다는 것이다.

따라서 워싱턴 소재 전략 및 국제문제연구소(CSIS) 중국 전문가인 스콧 케네디(Scott Kennedy)는 "트럼프가 중국을 비난하는 급류에서 빨리 탈출할 것을 기대한다."면서 "트럼프가 백악관에 입성하면 경제전문 보좌진의 브리핑을 받게 된다. 그렇다면 자신이 지금까지 알고 있던 것들과 다른 수많은 자료를 접하게 되므로 생각이 바뀔 수 있을 것"이라고 설명한다. 이를테면, 중국이 환율을 조작하고 있다는 주장에 대해선 이미 오바마 행정부에서 여러 경로를 통해 중국의 환율조작에 대한 조사를 한 결과 혐의를 찾지 못하고 이를 덮었다는 내용을 알게 해야 한다는 것이다. 그리고 이를 뒷받침하는 것이 지난 10년 동안 중국 위안화 가치는 미국의 달러화에 비해 16%나 상승했다. 미 재무성이 지난달 발간한 자료를 보면 중국은 수출주도형인 자국 경제에 이득이 되는 방향으로 위안화 가치를 하락시킨 것이 아니라고 한다. 오히려 2015년 8월부터 1년간 무려 5,700억 달러의 외화자산을 매각함으로써 위안화 통화가치를 떠받쳤다는 것이다.

트럼프 대중국 무역전쟁은 '중국의 승리'

미국의 다수 대중국 전문가들은 트럼프 행정부와 중국이 무역 전쟁을 벌인다면 승자는 결국 중국일 가능성이 높다고 점친다. 무엇보다 미국 총

변모하는 중국을 상징적으로 보여주는 북경의 야경

수입품의 20%를 차지하고 있는 중국산 제품에 45%의 높은 관세를 부과한다는 것은 난센스라는 것이다. 그리고 트럼프가 공격하던 것처럼 중국의 무역 불공정 거래 및 저임금 노동력으로 인해 미국의 일자리를 빼앗아 가는 중국은 더 이상 존재하지 않는다는 것이다. 현재 중국은 아이폰이나 청바지를 조립하던 과거 중국이 아니다. 미국 소비자들은 애플 휴대폰을 사용하기보다 중국 고유의 운영체제를 탑재한 중국 브랜드의 스마트폰을 사용하기를 희망한다. 그리고 중국은 인건비가 상승하면서 많은 공장들이 다른 개발도상국이나 오히려 미국 등지로 옮겨가고 있는 중이다. 게다가 중국은 지금 트럼프가 제대로 인식하지 못하고 있는 또 다른 원대한 목표를 향해 나아가고 있다.

중국시장은 이제 스타벅스에서부터 보잉에 이르기까지 미국의 대표적인 기업들에 떼래야 뗄 수 없는 중요한 시장의 하나가 되어 버렸다. 그럼에도 불구하고 미국이 중국과 무역마찰을 일으킨다면 중국 내 급증하고 있는 소비층들이 자연 미국 제품을 배척하게 되고 이에 따라 미국의 기업 수익이 줄어들게 되면서 이는 거꾸로 미국 내 일자리를 잃어버리는 결과를 초래하게 될 것이다. 그리고 트럼프의 대중국 반무역정서는 아시아 지역에서 미국을 대체하여 경제적, 정치적 영향력을 확대할 좋은 기회를 중국에 안겨줄 수 있다.

이를테면, 트럼프 취임과 동시에 TPP협정은 사라지게 될 것이고, 미국은 이 지역에서 경제적으로 영향력을 잃을 공산이 크고, 동시에 중국에 대한 무역 불공정을 압박할 수 있는 근거도 잃게 될 수밖에 없는 상황이다. 그리고 이를 통해 중국은 아시아에서 중국 주도의 무역체제를 정착시킬 수 있는 절호의 기회를 맞이하게 될 것이다. 결과적으로 트럼프가 중국을 굴복시키려는 시도가 오히려 미래 미국의 산업에 큰 해가 될 수 있다는 지적이다. 실제로 블룸버그뉴스의 슈만 논설위원은 "트럼프의 주장은 일견 중국에는 거대한 손실이라고 비쳐질 수 있을 것이다. 트럼프가 선거기간 중국을 거짓말쟁이 국가이며 미국의 일자리를 빼앗아갔다고 공격했기 때문"이라면서 "트럼프 행정부가 중국 위안화, 무역관계 및 다른 경제적 문제들에 대해서 보다 강경한 자국 우선주의 노선을 선보일 것으로 관측한다. 하지만 이는 궁극적으로 미국보다는 중국의 경제적 이익에 훨씬 더 도움이 될 수 있을 것"이라고 분석한다.

트럼프, 중국에 분명한 무역전쟁 신호

　도널드 트럼프가 중국에 분명한 신호를 잇달아 보냈다. 대중국 무역전쟁을 우려하고 있는 미국 내 대중국 전문가들의 지적이나 조언에도 불구하고 그는 최근 중국의 가장 민감한 외교문제를 건드리고 나와 트럼프 행정부의 대중국 문제에 대한 불안감이 현실로 드러났다. 트럼프 정권인수위원회는 2016년 12월 2일 "트럼프가 차이잉원(蔡英文) 대만 총통과 통화해 긴밀한 경제·정치·안보적 관계에 대해 논의했다."고 설명했다. 트럼프 당선자도 트위터를 통해 "대만 총통이 나에게 전화를 걸어 대선 승리를 축하했다."고 밝혔다. 다음 날인 12월 3일 대만 총통부도 성명에서 "대만과 미국이 상호 국내 경기부양을 촉진하고 국방을 강화해야 한다는 점에 공감했다."고 밝혔다. 이날 대만 언론들은 일제히 도널드 트럼프가 중국 정부가 '대만지역 지도자'라고 부르는 차이잉원 총통을 '대만 총통'이라고 부른 것에 대해 큰 의미를 부여했다. 이로 인해 트럼프 행정부의 대외정책, 특히 대중국정책에 대한 불안감이 커지면서 출발부터 트럼프 행정부의 대외정책이 곳곳에서 마찰과 갈등을 예고하고 있다.

　이에 대해 월스트리트저널은 "중국의 봉쇄로 국제무대에서 고립되고 있는 차이잉원 총통으로서는 트럼프와의 통화가 미·중 사이의 빈틈을 노려 활로를 모색하려는 일종의 승부수"라고 평가했다. 이는 트럼프가 미국의 정상 신분으로 대만 총통과 통화를 한 것은 1979년 미·대만 간 수교가 단절된 이후 37년 만이다. 실제로 미국은 1972년 리처드 닉슨 대통령과 마오쩌둥 중국 국가주석이 만난 이후 대만을 국가로 인정하지 않는 '하나의 중국' 원칙을 수용해왔다. 그리고 7년 후에 지미 카터 정부는 중국과 수교를 하기 위해 대만과 국가 간 외교를 단절했다. 하지만 그해 4월 '대만관계법'을 만들어 대만에 무기 수출과 안보·경제지원은 계속해 오고 있다. 중국은 이를 두고 내정간섭이라고 비판하면서도 묵인하는 등 3국은 불안하고 모호한 삼각관계 동거를 유지하고 있는 상태다. 따라서 이번 트럼프 당선자와 대만 총통 간의 통화는 매우 이례적이고 나아가 향후 3국이 역학구도를 깰 수 있는 신호로도 해석될 수 있어 국제사회의 비상한 관심을 모으고 있다.

이에 대해 먼저 미국 내의 공화당 강경파들은 환영을 하고 나섰다. 톰 코튼 상원의원은 "중국 땅에서 유일한 민주주의를 실천하는 대만에 대한 우리의 공약을 재확인하는 것으로 매우 잘한 일"이라고 평가했다. 그리고 트럼프 측근으로 보수 강경파인 뉴트 깅리치 전 하원의장은 12월 5일 폭스뉴스와의 인터뷰에서 "트럼프가 미·중 수교 이후 37년 만에 미국 정상으로서 처음으로 대만 총통과 통화하고 트위터를 통해 중국의 환율 조작과 남중국해 문제 등을 거론한 것이 단순한 축하전화나 이벤트가 아니라 대중정책 변화를 예고하는 신호"라고 주장했다. 이는 미·중 관계의 근간이 되어 온 '하나의 중국' 원칙을 건드린 트럼프의 전화 한 통이 미국 공화당 내 대중 강경론에 불을 붙인 것이다. 당내 거물급 인사들이 줄줄이 "더 이상 중국을 이대로 놔둬서는 안 된다."고 목소리를 높이고 나왔다. 그리고 트럼프 내각 국무장관 후보 중 한 명인 데이나 로러배커 하원 외교위 소위원장도 "트럼프가 중국 독재자 시진핑 국가주석에게 쉽지 않은 사람임을 과시했다."고 덧붙였다. 또한 정치 전문 매체 폴리티코는 "오바마 행정부의 무사안일주의로 인해 중국이 대담해졌다는 게 공화당 강경

트럼프 정권 출범으로 위기 상황에 몰린 중국의 시진핑 국가주석

트럼프 시대 **트럼프를** 말하다

파의 생각"이라며 "민주당 정권 8년간의 미·중 관계 틀을 다시 짜야 한다고 보는 이들이 트럼프의 강경 행보에 환호를 보내고 있다."고 설명했다.

　그러나 미·중 양국 정부는 각자 예민한 문제에 긴장하면서도 파장을 줄이려는 모습을 보이고 있다. 네드 프라이스 백악관 국가안보회의 대변인은 성명을 통해 "미국은 '하나의 중국' 정책을 군건히 지지하고 있다."고 강조했다. 그리고 중국 정부도 엄중한 항의를 표하고 의미를 애써 축소하고 있다. 왕이 외교부장은 3일 "대만이 일으킨 작은 행동으로 국제사회에 이미 형성된 '하나의 중국'이라는 틀을 바꾸는 것은 불가능하다."고 주장했다. 그럼에도 불구하고 미국 내 중국 전문가들 사이에는 "트럼프의 이번 통화는 앞으로 트럼프 행정부의 외교정책이 가져올 혼란상을 미리 보여주는 상징적인 사건"이라고 보는 시각도 있다.

　그런데 12월 10일자(미국 현지시간) 뉴욕타임스 보도에 따르면 도널드 트럼프가 중국의 '역린'을 건드리면서 '하나의 중국' 정책을 무시할 수도 있다고 공개 발언을 하자 큰 파문이 일면서 중국 상무부는 드디어 11일 "중국이 2001년 WTO에 가입했을 당시 의정서를 통해 중국의 시장경제 지위를 2016년 말까지 인정하기를 약속해 놓고도 15년이 지난 지금 미국과 유럽이 이를 거부하고 있다."면서 미국을 세계무역기구(WTO)에 제소했다. 뉴욕타임스는 이날 보도에서 "미국이 중국의 시장경제 지위를 거부함으로써, 연말이 지나도 중국이 지위인정을 받지 못하면 트럼프 공약대로 중국산 제품에 관세폭탄을 매길 수 있는 가능성이 한층 더 높아졌다."며 "이 문제는 '대만 총통과 전화 파문'에 이어 이제는 중국이 미국을 향해 노골적으로 불만을 표시한 것"이라고 지적했다. 그러면서 2017년 트럼프 행정부 공식 출범과 함께 G2(미·중) 간의 정면충돌을 알리는 분명한 신호탄이라 우려했다. 이에 따라 미국 내 대중국 전문가들은 트럼프가 기존 오바마 행정부의 외교정책의 상당부분을 뒤집을 것이라는 전망이 한층 더 우세한 상황으로 가고 있다면서 미·중 간의 마찰이 세계 문제로 번지게 될 경우 세계 경제는 큰 파장을 불러올 것이라고 전망했다.

트럼프 주요 공약 후퇴 또는 수정할까?

트럼프 당선자가 대선기간에 내걸었던 주요 공약들이 벌써부터 줄줄이 후퇴하거나 수정될 조짐이 여기저기서 나타나고 있다. 먼저 멕시코 문제와 불법체류자에 대한 문제부터 수정이 불가피하다는 것이다. 미국과 멕시코 간 국경을 따라 설치하겠다고 공언한 국경장벽 쌓기 공약도 복잡한 현실적인 사정을 감안하여 흐지부지되거나 대폭 수정될 조짐이 나타나고 있다고 전문가들은 분석한다. 그리고 불법체류자 1,100만 명 즉각 추방문제도 여러 가지 경제적·사회적 현실을 감안할 경우 사실상 공약을 제대로 지키기가 어렵다는 게 미국 내 전문가들의 지적이다.

그리고 파리 기후협약의 이행문제에 대해서도 탈퇴를 주장하는 트럼프의 강경한 입장은 한발 물러설 수밖에 없다는 것 역시 전문가들의 분석이다. 무엇보다 트럼프가 공약대로 이행할 경우 엄청난 국제적 저항과 불만을 불러올 수 있는 문제이기 때문이다. 트럼프는 무엇보다 온실가스 배출로 인한 환경파괴 가설을 인정하지 않고 있으므로 환경파괴의 가속화를 예방하자는 '파리 기후협약'에 근본적으로 동의하지 않는다. 하지만 트럼프가 선언한 공약 가운데는 전통적으로 공화당이 취해온 노선들과도 부딪치게 될 가능성이 있다. 그리고 의회의 비준에서도 많은 것들이 걸러질 수 있다는 것이다 그럼에도 불구하고 미국 내 정치·경제 전문가들은 "최근 트럼프가 '중국의 역린'인 대만 문제를 들고 나오는 것으로 보아 중국에 대한 날선 공약들을 후퇴하거나 수정하기보다는 오히려 더욱 강경한 행보를 보이고 있다."고 지적한다. 그러면서 "예상을 뒤집고 승리한 도널드 트럼프의 등장이 국제 사회에 일대 파란을 예고할 가능성이 점점 커지고 있다."고 우려하고 있다.

공약이 몰고 온
유동성 경색

　도널드 트럼프 등장으로 가장 먼저 몰고 온 후폭풍은 이미 금융시장에서 불고 있다. 트럼프가 자국이기주의에 집착하는 인물이라는 점에서 전문가들은 기존의 질서 변화와 함께 정치·경제적으로 불확실성이 커지면서 무엇보다 세계경제가 혼란의 양상을 띨 것이라는 전망을 하고 있기 때문이다.

아시아에 달러 유동성 경색

　트럼프 행정부의 미국 내 경기부양과 감세정책, 그리고 보호무역으로 미국 내 달러 흡수가 가속화하면서 2017년에는 아시아 시장이 가장 먼저 달러 유동성 경색을 맞을 것이라는 분석도 잇따르고 있다. 트럼프 행정부가 대선공약에서 밝힌 것처럼 보호무역 정책으로 수출을 통한 달러 소득의 흐름이 줄어들면서 감세정책으로 미국 기업의 해외소득이 본국으로 이동함으로써 달러 부족이 심화할 수 있다는 것이다. 2016년 11월 29일 블룸버그뉴스에 따르면 "도이체방크 애널리스트들은 다 같이 거시경제와 금융시장의 퍼펙트 스톰(perpect storm)이 내년 아시아에서 달러 경색을 유발할 수 있다."고 전망했다. 도널드 트럼프가 당선된 이후 외국계의 포트폴리오 흐름이 급격하게 줄었다. 이미 이달에만 아시아 채권과 주식시장에서 150억 달러가 유출됐다. 블룸버그뉴스는 "이러한 유출은 올해 유입된 자금의 30%에 해당한다."면서 "이는 달러 강세와 트럼프 당선자의 보호무역주의 정책이 이머징 마켓(신흥시장) 성장의 전망에 먹구름을 드리우고 있다."는 논평을 내놓고 있다.

도이체방크 애널리스트들은 또 "아시아 시장에서 내년 대출금리 스프레드, 국내 수요, 유동성 부족을 상쇄하려는 중앙은행들의 의지가 시험대에 오를 것"이라고 경고했다. 이는 주로 아시아로 유입되는 달러 흐름의 주요 원천이 트럼프의 보호무역주의로 인해 흐트러지기 시작할 수 있다는 것이다. 이 밖에 씨티그룹, 모건스탠리, 소시에테제네랄도 이머징 마켓의 고통이 내년에 더욱 심해질 것이라고 우려하고 있다. 특히 이들은 달러 강세와 미국 금리인상의 환경에서 달러부채의 상환비용이 높아지고 있다는 것이다. 특히 소시에테제네랄 애널리스트들은 29일 보고서에서 "달러가 강해지면서 달러부채를 상환하기가 더욱 어려워질 것"이라고 전망했다. 그들은 또 "전 세계 달러 표기 신용잔고가 지난 10년 동안 두 배 넘게 불어나 10조 달러가 넘는다."면서 "이머징 국가들과 기업들의 달러부채가 3조2000억 달러 수준"이라고 덧붙였다. 이는 앞으로 수년 동안 미국과의 무역관계가 더욱 힘들어질 수 있다는 설명이다. 이와 함께 아시아 무역흑자가 감소하고 수출국과 수출기업들은 보호무역주의로 고통을 받을 수 있다는 전망 역시 내놓았다.

도이체방크 애널리스트들은 지난 2년 동안 아시아시장은 상대적으로 달러 유동성이 풍부한 편이어서 막대한 경상수지 흑자, 외국계 자본의 유연한 흐름 등으로 인해 자국 내 달러 공급이 원활했다. 하지만 이제는 이러한 우호적인 환경이 더 이상 펼쳐지지 않을 것이라고 예측했다. 이들에 따르면 달러 유동성 압박은 필리핀, 한국, 말레이시아, 인도 등의 시장에서 지난 한 달 동안 이미 눈에 띄게 심화했다고 한다. 도이체방크는 "미국 금리가 오르면서 기간 프리미엄 역시 상승해 정상화하면 고변동성이 일상화할 것"이라며 "이로 인해 아시아로 가는 달러 흐름에 압박이 가해질 수 있다."는 전망을 내놓았다. 아시아 시장에 소재하는 미국 기업들이 어닝(기업소득)을 본토로 송환하는 리스크 변수도 있을 수 있다.

이를테면, 싱가포르에서는 1,000억 달러가 미 본토로 회수될 가능성이 있다고 도이체방크는 추산한다. 그리고 한국의 경우도 200억 달러가 넘을 수 있다고 예상한다. 따라서 2017년에는 아시아 국가들이 달러 유동성에 어려움을 겪을 수 있다는 전망이 강하게 제기되고 있는 것이다. 그리고 매년 이맘때면 다음해에 유행할 소비트렌드를 발표해온 서울대 김난도 교수도 최근 프레스센터에서 2017년 트렌드코리아를 발표하면서 내년에 한국에 퍼펙트 스톰(perpect storm)이 몰려올지도 모른다고 지적했다. 김 교수는 2017년 한국사회의 모습을 "퍼펙트 스톰이 몰려오고 있는데 엔진이 고장 난 조각배에 선장도 구명정도 보이지 않는 형국"이라며 깊은 우려를 나타냈다.

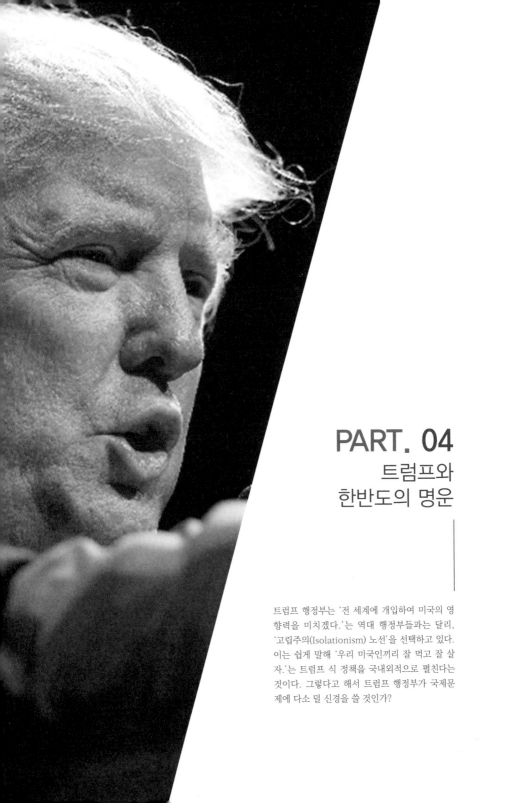

PART. 04
트럼프와
한반도의 명운

트럼프 행정부는 '전 세계에 개입하여 미국의 영
향력을 미치겠다.'는 역대 행정부들과는 달리,
'고립주의(Isolationism) 노선'을 선택하고 있다.
이는 쉽게 말해 '우리 미국인끼리 잘 먹고 잘 살
자.'는 트럼프 식 정책을 국내외적으로 펼친다는
것이다. 그렇다고 해서 트럼프 행정부가 국제문
제에 다소 덜 신경을 쓸 것인가?

트럼프 행정부의
'대외 정책'

　트럼프 행정부는 '전 세계에 개입하여 미국의 영향력을 미치겠다.'는 역대 행정부들과는 달리, '고립주의(Isolationism) 노선'을 선택하고 있다. 이는 쉽게 말해 '우리 미국인끼리 잘 먹고 잘 살자.'는 트럼프 식 정책을 국내외적으로 펼친다는 것이다. 그렇다고 해서 트럼프 행정부가 국제문제에 다소 덜 신경을 쓸 것인가? 아니다. 국제문제를 보는 인식의 틀(frame)이 자국 이기주의에 근거하고 있기 때문에 오히려 기존의 노선보다 훨씬 더 강한 마찰과 잡음을 일으킬 가능성이 높다. 트럼프 행정부의 국제 정치 및 경제 정책방향은 반드시 미국 중심의 질서재편과 보호무역주의 정책으로 나아가려고 노력할 것이다. 트럼프는 이를 위해 관세장벽, 환율조작 제재, 반덤핑 제재 등으로 미국의 국가 이익을 최대한 확대할 것이 분명하다. 수출에 의존하는 우리로서는 보호무역주의를 근간으로 하는 미국의 경제정책에 상당한 압박과 제재로 고통을 당할 수 있다는 것이 전문가들의 예상이다. 더욱이 북한의 핵무기 개발과 관련한 한반도 대북정책에도 큰 변화를 맞을 수가 있다. 이는 한반도의 운명과 깊은 관련이 있다. 따라서 우리 정부와 기업은 트럼프 행정부가 한반도에 미칠 영향을 면밀히 분석하여 적절한 대책을 세우고 대안을 마련하는 것이 무엇보다 우선해야 할 책무라고 할 수 있다.

트럼프 시대
한국 경제는?

　도널드 트럼프가 미국의 45대 대통령으로 당선되자 곧바로 전 세계적으로 그의 보호무역주의 정책에 대한 우려가 쏟아져 나왔다. 한·미 자유무역협정(FTA) 재협상을 포함한 무역통상의 마찰로 특히 대미 수출 의존도가 높은 우리 경제에 나쁜 영향이 미칠 것이라는 전망이 나오면서 정부와 경제인들의 시름이 깊어지고 있다. 게다가 많은 전문가들은 앞으로 우리나라가 받을 영향은 비단 통상뿐만이 아니라 다방면에서 압력이 거세질 수 있다고 예상한다. 무엇보다 트럼프가 대선 공약대로 각종 대외 정책들을 집행한다면 금리를 비롯하여 세제, 고용, 투자 등에서도 큰 어려움을 겪을 것으로 보고 있다.

　그러나 일각에서는 트럼프의 공약이 실제로 현실화될 가능성에 의문이 제기되고 있어 과도한 우려보다는 먼저 경제체질을 보호무역주의에 맞게 개선하고 기술력 재고 및 상품개발에 주력하는 것이 더욱 중요하다고

대한민국 수도, 광화문의 야경

지적한다. 이는 향후 공약 이행 정도에 따라 한국 경제에 미치는 영향이 제한적일 가능성도 있기 때문이다. 한국경제연구원은 최근 단기적으로는 미국 경제의 성장세와 수요확대에 대비하여 미국 시장에 적극적인 수출 공세전략이 더욱 필요하다고 강조한다. 다만 미국과의 통상 마찰 리스크 및 한·미 FTA재협상 등에 대비하여 정부와 기업의 적극적인 대응책 마련이 시급하고, 이와 함께 국내 금융시장의 변동성에 주목하면서 국제 금융시장의 모니터링을 강화해 나갈 경우 트럼프 행정부의 출범이 우리 경제에 미치는 영향은 우려하는 것보다 제한적일 수 있다고 주장한다.

PART.04 트럼프와 한반도의 명운

미연준 금리인상

트럼프 행정부가 임기를 시작하면서 가장 빠르게 영향을 받을 수 있는 부분은 미연방준비제도이사회(연준: Fed)의 기준금리에 대한 결정이라고 할 수 있다. 트럼프는 대기업을 이끈 수장으로서 그동안 대체로 저금리를 지지하는 입장인 것으로 알려져 왔다.

그럼에도 불구하고 트럼프가 당선된 지 불과 한 달여 만에, 그리고 연준이 금리인상을 저울질해온 지 무려 1년 만인 2016년 12월 14일(현지시간) 전격적으로 금리를 0.25%포인트 인상한다고 밝혔다. 이번 연준의 금리인상은 현재 미국 경기가 회복되면서 활력을 얻고 있고, 실업률도 낮아지고 있는 데다, 특히 트럼프가 국내 일자리 창출을 위해 재정을 대폭 확충하겠다는 공약과 맞물린 것으로 전문가들은 예상하고 있다. 이번 금리인상은 연방공개시장위원회(FOMC) 정례회의에서 기준금리를 0.50~0.75%로 올리는 금리인상 조치를 위원 10명의 만장일치로 결정됐다.

미국 재계에서는 "이번 금리인상은 최근 고용시장 개선과 물가상승 전망, 소비심리 개선, 기업인 출신 도널드 트럼프 대통령 당선, 상무 및 재무 장관에 월가 투자가들이 발탁되면서 경제성장에 대한 기대감 등이 두루 반영된 것"이라며 적극 환영하고 있다.

실제로 이번 금리인상은 2008년 세계 금융위기 이후 제로금리를 유지하다가 지난해 12월 0.25%의 금리인상을 단행한 이후 1년 만에 다시 실행에 옮긴 것으로, 지난 10년 만에 겨우 두 번째 금리를 인상한 것이다. 따라서 연준은 향후 1년간 세 차례 정도 금리를 인상할 계획인 것으로

트럼프 시대 **트럼프를** 말하다

알려졌다. 연준은 성명에서 "예상된 노동시장 조건과 물가상승을 고려해 위원회는 목표금리를 올리기로 결정했다."면서 "일자리 증가가 최근 몇 달간 견고하게 지속되고 있으며, 실업률이 낮아졌다."며 인상 배경을 구체적으로 밝혔다.

따라서 예상대로 금리가 조기에 인상되면서 우리나라도 시차를 두고 금리를 올릴 가능성이 높아졌다. 당장은 1,300조 원에 육박하는 가계부채에 대한 금리가 문제점으로 나타날 수 있다. 특히 우리나라는 주택담보대출의 비율이 높은 데다 그중에서도 70% 이상이 변동금리를 이용하고 있어 이자가 높아지면 그 부담으로 자연스럽게 소비를 줄여 나갈 수밖에 없다. 이는 곧 경기침체로 이어질 수 있는 환경을 조성하게 되는 것이다. 게다가 금리인상에 대한 압박감 때문에 집을 팔려는 사람들이 늘게 되고, 매물이 많아지면서 덩달아 집값 하락으로 이어지게 되므로 부동산시장에도 악영향을 미치게 될 것으로 전망된다. 미국 달러는 전 세계 기축통화로 금리인상은 국제적으로 자본의 흐름이 달러 쪽으로 흘러들어갈 가능성이 높아진다. 따라서 나라마다 달러 유출을 막으려면 덩달아 금리를 올려야 하는 압박을 받을 수 있다. 그럴 경우에는 주식시장에도 나쁜 영향을 줄 수밖에 없다.

그리고 경제전문가들은 현재 700조 원대가 넘는 자영업자 대출도 위험에 노출될 것으로 우려하고 있다. 민간 금융연구원에 따르면 내년 우리나라 경제성장률을 대체로 2% 초반대로 전망하는 데다 금리가 인상될 경우 순수 가계부채 외에도 기업부채 성격을 띠고 있는 자영업자 대출도

미국 중앙은행 FRB모습

리스크(risk)에 노출될 가능성이 커지고 있다고 지적한다. 게다가 트럼프 행정부가 출범하면 국내 중소기업의 중국 등 아시아권 수출전략에도 어려움을 겪을 것이 분명하므로, 경제계에서는 이를 우려하는 목소리가 높아지고 있다. 이에 따라 하나금융연구원은 "최근 자영업자 대출은 730조 원까지 불어났다."면서 "여기다 경제성장률마저 2%대에 머문다면 자영업자들의 은행이자 부담이 높아지게 되므로 이에 따른 사전 리스크 관리가 필요하다."고 지적했다.

  하지만 금리인상이 무조건 나쁜 측면만 있는 것은 아니다. 금리가 오른다는 것은 기본적으로 경기가 좋아지고 있다는 신호로 받아들일 수 있기 때문이다. 미국에서도 연준이 금리 인상을 하는 것은 그만큼 경기 회복에 자신이 있다는 것이다. 미국의 금리가 오르게 되면 달러 가치가 올라가게 되고, 상대적으로 원화가치가 떨어지게 된다. 이에 따라 가격 경쟁에서 우위를 점할 수 있어 수출 증대라는 측면에서 볼 때, 수출상품에는 호재로 작용할 수 있다. 특히 우리에게는 미국이 주요 수출대상국이므로 장기적으로는 긍정적인 신호로 받아들일 수 있다. 그러므로 금리인상에 대비하여 다양한 측면에서 대책마련이 필요하다.

한·미 FTA 재협상요구

트럼프 행정부의 출범에 무엇보다 관심이 고조되고 있는 분야는 한·미 FTA 재협상에 대한 요구라고 할 수 있다. 이는 한·미 간 무역에도 큰 변화를 몰고 올 수 있는 요인으로 작용할 있다. 세계 무역은 한때 다자간 통로에서 양자간 통로로 바뀌었다가 다시 보호무역으로 가는 추세에 있다. 이는 내 나라에 해가 된다면 기존의 FTA는 무시한 채 얼마든지 관세나 수입쿼터 등으로 보호무역을 할 수 있다는 것을 지난 2년간 미국이 보여주고 있다.

미 FTA는 한때 우리에게 불리하다고 많은 국민들이 강력하게 반대했던 사안이기도 하다. 비교적으로 약세에 처한 농민들의 반발이 컸다. 물론 미국에서도 섬유, 전자, 자동차 계통의 종사자들의 반발이 있었던 것은 사실이다. 경제상황의 변화에 따라 처음 FTA를 체결할 당시와 지금의 상황은 상당 부분 달라져 있다. 앞으로 또 어떻게 구도가 바뀔지 쉽사리 알 수 있는 것도 아니다. 그러므로 트럼프의 재협상 카드 역시 안심할 수는 없지만 크게 일희일비(一喜一悲)할 필요도 없다.

사실, 가장 크게 대미 흑자를 누리는 나라는 중국이며 다음은 일본, 독일 등이다. 우리는 대미 흑자국 8~10권이다. 그럼에도 불구하고 트럼프가 대선 유세 중에 중국을 거론하며 한국을 싸잡아 멍석말이를 한 것은 일종의 선거 전략적 측면이 있다.

물론 대중(對中) 무역적자의 규모만 따지더라도 매년 약 3,000억 달러에 이른 만큼 심각하게 볼 수 있는 것은 사실이다. 그리고 전반적인 무역 불균형을 거론하자면 당연히 한국도 비켜갈 수 없기는 마찬가지이다.

중요한 것은 선거기간 중에 유권자의 입맛을 맞추기 위한 '엄포용'이냐 아니냐가 문제이다. 실리를 따지는 장사꾼 트럼프는 결코 엄포를 놓은 게 아니다. 아마 어떤 형식으로든 이러한 전반적인 무역 불균형을 장사꾼의 눈으로 감시하고 다잡을 것이다.

이런 무역불균형에 대한 다수 미국인들의 '엄살'을 등에 업고 트럼프는 이번 대선기간의 공약에서 한때, 우리 국민들 다수가 반대했던 FTA를 오히려 전면적으로 재협상을 하겠다고 선언한 것이다. 따라서 트럼프가 한·미 FTA의 재협상을 직접 거론하고 나선 만큼 앞으로 우리나라가 한·미 간 무역에서 계속 많은 흑자를 누리기는 쉽지 않을 것으로 봐야 할 것이다.

한·미 FTA 재협상은 사실상 불가능

그러나 FTA는 양국이 이익의 균형을 맞춘 뒤 상호 호혜적으로 맺었으므로 일단 발효한 뒤에는 일방적으로 원천무효화하는 일은 상상하기가 어렵다는 것이 관련 전문가들의 견해다. 이를 뒷받침하는 것이 지금까지는 정상적인 외교 관계 속에서 한쪽이 일방적으로 FTA를 폐기한 사례가 없었기 때문이다. 따라서 관계 당국은 "FTA라는 것은 단순한 경제협정이 아니라 정치, 외교 등과 민감하게 맞물린 중요한 사안"이라며 "발효된 FTA가 나중에 자국의 마음에 들지 않는다고 갑자기 무효로 한다는 것은 상대국과 관계를 단절하자는 말과 마찬가지"라고 말한다.

따라서 기존 FTA 협정을 무효로 하고 처음부터 다시 협상을 한다는 것은 정치·외교적 관계를 단절하는 상황에서 검토할 수 있는 사안이기 때문에 도널드 트럼프 행정부의 FTA재협상 요구는 그렇게 우려할 만한 것이 아니라고 볼 수 있다. 하지만 일부 전문가들은 트럼프의 경우, 대한(對韓) 무역적자를 내세우면서 이를 빌미로 다른 부문의 양보를 요구할 가능성이 있을 것이라고 지적하면서 무엇보다 철저한 대비가 필요하다고 주장한다.

미 법인세 인하, 우리에게도 영향을 미치나?

도널드 트럼프가 선거 공약에서 줄곧 감세를 강력하게 외쳤기 때문에 우리나라에도 다소 영향을 미칠 수 있다는 의견이 제기되고 있다. 많은 세제전문가들은 세제 중에서도 특히 법인세와 같은 부문은 통상국 간에 상호 영향을 미치게 되므로 트럼프의 주장이 어떻게 진행될 것인지 눈여겨봐야 할 것이라고 주장한다. 주요한 국가 세목 중 하나인 법인세는 우리나라에서도 그동안 세력 주체 간에 서로 다른 의견으로 팽팽히 맞서오고 있는 사안이다.

국민의 입장에서 보면 30대 대기업들이 중소기업을 포함한 나머지 기업들의 이익을 80% 이상을 독차지하는 현실에서 법인세를 인상하는 것이 옳다는 주장이 꾸준히 제기되고 있다. 따라서 민의를 대변하는 국회에서도 법인세를 인상하는 쪽으로 가닥을 잡아가고 있다. 하지만 법인세 대폭 인하를 주장하는 트럼프가 당선됨으로써 우리나라에서의 법인세 인상 또한 다시 논란이 될 가능성이 있다.

실제로 트럼프는 "법인세를 35%에서 장기적으로 15% 수준으로 내리겠다."고 공언했다. 이에 대해 경제전문가들은 "미국 공화당이 상·하원 양원을 모두 장악함으로써 트럼프가 주장한 대로 법인세 인하 가능성이 매우 높아졌다."는 전망을 내놓고 있다.

현재 우리나라 법인세율은 22%다(2016년). 경제협력개발기구(OECD) 34개 회원국 평균 법인세율이 23.4%로 이에 비해 낮은 편이다. 알다시피 미국은 35%, 프랑스(34.4%), 호주(30.0%), 일본(23.4%) 등 주요 선진국보다도 낮다.

그런데 미국이 법인세를 파격적으로 15%까지 내린다면, 상당한 해외기업들이 미국에 투자할 계획을 세울지도 모른다. 그러나 기업투자유치가 단순히 법인세율만을 인하해서 즉각적인 효과를 내는 것은 아니다. 인건비, 노동시장의 탄력성, 시장의 여건, 정치상황 등등이 복합적으로 영향을 미치기 때문에 당장은 미국의 기업이 우선 유리하고 혜택을 누리는 것은 맞다. 고용의 문제도 마찬가지다.

그동안 우리나라도 지속적으로 법인세율을 낮춰왔다. 그것은 '낙수효과'를 기대한 정책 입안자들의 배려였으나 결과적으로 기업의 배만 불려준 꼴이 되어버렸다. 재투자도 없었고 고용촉진도 일어나지 않았다. 그럴 바엔 법인세율을 이전으로 환원하여 정부가 직접 고용 복지를 챙기겠다는 것이 우리나라 법인세 논란의 근간이다. 오르고 내리고 하는 어느 것에든 장단점이 있다. 그래서 나라마다 자신들의 상황에 따라 어느 나라는 비교적 높고 어느 나라는 비교적 낮기도 하다.

이번 트럼프의 법인세 인하 발언은 미국 기업의 해외 투자 자본을 다시 국내 투자로 유도하겠다는 취지가 크다. 그래서 고용과 내수를 촉진하고 경제를 활성화하겠다는 의지인 것이다. 그리고 미국 내 해외 투자도 유도하겠다는 장기적 정책으로 자리 잡을 가능성도 있다. 그럴 경우, 미국과 우리 경제의 연관성에 비춰 우리에게도 영향이 있을 수 있다.

그렇다고 우리가 미국의 정책에 무심할 필요도 없지만 무작정 필요 이상으로 경각심을 가질 필요 또한 없다고 본다. 우리나라 경제도 이제는 미국의 재채기에 감기가 들 정도는 아니기 때문이다.

미 재정확대, 기회 되나?

트럼프가 대선기간 공약으로 내세운 것 중에서 '사회기반시설 1조 달러(약 1,150조 원)' 투자 공약이 우리 경제에 미칠 영향에 대해서는 긍정과 부정으로 의견이 나뉘고 있다. 긍정적인 의견을 낸 국토교통부는 "저유가와 금융조달 조건 개발사업 증가로 국내 건설업체들이 해외 건설시장에서 고전하고 있다."고 말하면서 "그러나 미국이 자체 자금으로 인프라스트럭처 확충에 나설 경우 시공 실적이 뛰어난 우리 건설업체의 미국 진출기회는 확대될 가능성이 있다."고 분석한다. 게다가 미국의 건설경기가 회복되면 전 세계적으로 긍정적인 영향을 미치게 되면서 세계 경기가 활력을 얻는 데도 도움이 될 수 있다고 전망한다.

그러나 트럼프 행정부가 누구보다 미국의 국익을 우선으로 내세우고 있는 상황에서 국내 업체들이 미국 건설업체와 경쟁하여 미국 정부로부터 얼마나 많은 일감을 수주할 수 있을지 의문이라는 부정적인 견해도 만만치 않다. 트럼프 행정부가 주장하는 재정확대정책을 통한 사회기반시설 투자공약은 무엇보다 미국 내 일자리 창출이라는 것과 깊이 맞물려 있기 때문이다. 따라서 한국과 같은 제3국이 미국의 건설시장에 참여할 수 있는 기회는 매우 제한적이라며 부정적 견해를 내놓고 있다.

트럼프 대외정책 방향은?

도널드 트럼프의 한반도 대북정책을 보다 깊이 있게 이해하기 위해서는 먼저 그의 대외정책 노선이나 방향 등을 잘 이해해야 한다. 트럼프 행정부는 자국 이기주의에 기반을 둔 대외정책을 이끌면서도 부시나 오바마 행정부와는 한 가지 분명한 차이가 있다. 따라서 트럼프는 부시나 오바마 행정부의 대외정책을 그대로 답습하지 않을 것이 분명해 보인다. 왜냐하면 부시 행정부는 일방주의적 대외정책을 펼치면서 세계 여론이나 해당 국가의 입장을 전혀 고려하지 않고 전 세계 곳곳에 미군을 파견하여 직접 개입을 하면서 피를 흘리고 분란을 일으켰다.

그 결과 부시 행정부는 전 세계적으로 반미주의 감정을 부추기는 현상을 초래하면서 실패한 정부로 막을 내렸다. 그리고 오바마 행정부는 이런 부시의 대외정책을 경계하면서 다소 유연한 대외정책 노선을 선택했던 것이다. 하지만 트럼프는 그런 오바마 행정부의 대외정책을 역대 어느 정부보다 더욱 실패한 정책이라고 강력하게 비난하면서 누구보다 오바마 행정부의 대외정책을 부정적으로 평가하고 있다. 트럼프는 오바마의 유연한 대외정책으로 오늘날 중국이 세계무대에 강자로 서는 길을 터주었다고 비난한다. 따라서 트럼프는 실패한 부시 행정의 대외정책이나 '증오'에 가까운 오바마 행정부의 대외정책을 계승한다는 것은 상상조차 하기 어렵다.

 미국 내 많은 전문가들은 트럼프 행정부가 부시나 오바마의 정책과는 전혀 방향이 다른 강경한 '고립주의' 노선, 즉 '미국 우선주의(America Firt Policy)'를 내세우고 있다고 비난하고 있는 것도 바로 이 때문이다. 따라서 미국 내 대외정책 전문가들은 트럼프는 미국 대통령으로서 오직 미국의 국가 이익이라는 트럼프 자신만의 색깔을 가진 안경을 끼고 세계를 보고 재단하려 할 것이라고 지적한다. 이를 두고 영국의 경제전문지 파이낸셜 타임스(FT)는 트럼프의 미국 우선주의를 '재포장된 고립주의'라고 비판했다. 그리고 뉴욕타임스는 한발 더 나아가 '도널드 트럼프의 이상한 세계관'이라는 제목의 사설을 통해 이 용어를 1930년대 고립주의자들로부터 트럼프가 출처도 밝히지 않고 그대로 인용하고 있다고 비꼬았다. 이러한 여러 가지 정황으로 미루어 보아 트럼프 행정부가 대외정책을 '고립주의 노선'으로 이끌고 갈 것은 너무도 자명해진다.

미국의 고립주의 노선은 200년이 넘는 오랜 역사를 가지고 있다. 외교전문가들이나 외교사학자들은 초대 대통령인 조지 워싱턴(George Washington)이 1792년 임기를 마치고 퇴임하면서 발표한 고별사에서 고립주의의 기원을 잡고 있다. 조지 워싱턴은 당시 고별사를 통해 미국의 국가 이익을 위해 상호 대립하고 있는 유럽 강대국들의 싸움에 끼어들지 말고 중립정책을 쓸 것을 당부한다. 1823년에는 제5대 대통령 제임스 먼로가 유럽 대륙의 문제에 대한 불개입과 그 대신 유럽 열강에 의한 미주 대륙 국가들에 대한 간섭, 특히 이들 국가의 식민화를 반대한다는 '먼로 독트린'을 발표하면서 미국은 오직 국가 이익만을 추구할 것을 천명했다. 그러나 19세기 말에 이르러 미국의 국력이 급격히 신장되면서부터 이러한 고립주의 노선에 변화가 오기 시작한다. 특히 미국이 스페인과의 전쟁에서 승리를 하면서 필리핀을 손에 넣고, 중국에 대해서도 문호 개방을 요구하는 한편, 중남미 국가들과 범미연합을 창설했다. 그러고는 이들의 내정에도 간섭을 시작하면서 점차 국제주의 노선으로 눈길을 돌리기 시작한다. 마침 유럽에서 1차 세계대전이 발발하자 미국은 1917년 결국 전쟁에 참여함으로써 국제주의 개입노선이 고개를 들기 시작한다. 그러나 역대 '위대한' 대통령들의 고언을 버리지 못하고 그대로 고립주의 노선을 이어간다.

하지만 미국의 고립주의 외교정책은 1930년대 후반 유럽에서 2차 세계대전의 전운이 감돌기 시작하면서부터 국제주의자들의 본격적인 도전을 받는다. 당시 전 세계적으로 팽창하던 이탈리아 파시즘의 공세 앞에서 유럽의 민주국가들이 차례로 무너지기 시작하자 미국의 안보에도 심각한 위협을 주게 된다. 이로써 대외정책을 둘러싼 치열한 논쟁이 미국 내부에서 시작된다. 이때 미국 내에서는 국제주의자들과 고립주의자들의 의견이 평평하게 대립한다. 특히 국제주의자들은 루스벨트 대통령이 1930년대 중반에 미국이 국제연맹에 가입하는 것을 포기함으로써, 2차 세계대전이 일어나도록 방기했다고 주장한다. 하지만 고립주의자들은 미국은 다른 대륙에서 벌어지는 전쟁에 휘말려들지 말고 미국 자신의 안전과 이익을 챙겨야 한다는 정반대 주장을 펼친다. 하지만 2차 세계대전 발발 2년 뒤인 1941년 1월 당시 루스벨트 행정부는 결국 국제주의자들이 주장해온 무기 대여법안을 의회에서 통과시켜 영국·프랑스·소련 등 연합국에 군수물자를 무상으로 대여해 준다. 이로써 미국은 고립주의 노선에 종지부를 찍고 국제주의 노선으로 전환한다. 그리고 그 해(1941년) 12월 7일 일본 군국주의의 진주만 기습으로 인해 미국은 전쟁에 개입한다. 이후 미국은 한국전쟁(1950년대)과 월남전(1960년대)을 거치면서 잠시 동안 신고립주의 노선으로 선회한다. 그리고 2001년 국제 테러조직인 알 카에다가 미국의 심장부인 뉴욕과 워싱턴을 강타하면서 신고립주의 노선을 깨고 국제주의 노선을 채택한다.

2017년 도널드 트럼프 행정부의 시대를 맞아 다시 '국가 이익주의'라는 이름으로 '국제주의'의 종언을 고하고 새로운 '고립주의 노선'의 서막을 열고 있는 것이다.

트럼프 시대 트럼프를 말하다

트럼프, 한반도 대북 정책은?

　도널드 트럼프 행정부의 한반도 대북 정책은 몇 가지 측면에서 볼 때, 한 마디로 예측하기가 쉽지 않다. 우선 그 한 가지는 트럼프가 대선 공약에서 오락가락한 측면이 있었기 때문이다. 이를테면, "북한의 김정은은 미쳤다."고 막말을 하는가 하면, 다른 한편으로 "김정은을 직접 만날 용의가 있다."고도 말했다. 그리고 그는 또 "미국은 중국을 압박해 중국이 북한에 압박을 가하도록 만들겠다."고 말하는 등 그의 대북 발언에는 일관성이 결여돼 있다. 따라서 트럼프는 한반도 대북정책에 관한 한 이번 대선기간에 정리된 입장을 제대로 내놓지 못하고 다소 불투명한 모습을 보였던 것이 사실이다. 이는 트럼프의 미국 내 정책이 근본적으로 '우리 미국인끼리 잘 먹고 잘 살자는' 고립주의를 표방하고 있으므로 한반도 대북정책에 대해서는 분명한 입장을 밝히지 못한 것으로 이해될 수 있다. 그러나 다른 측면에서 한 가지는 북한이 그동안 5차례 핵실험을 통해 이

북한 김정은

미 핵무기가 상당한 수준에 이른 만큼 향후 그런 북한을 두고 트럼프 행정부가 자신들의 마음대로 대북정책을 이끌어 나간다는 것이 사실상 불가능해질 수 있다는 것이다.

그러나 트럼프는 대선 공약에서 북한과의 협상의 여지를 열어두었다는 점에서, 압박과 제재만을 주장하면서 대북협상을 아예 배제해 버린 오바마 행정부와는 다른 대북 정책을 쓸 것으로 예상할 수 있다. 게다가 현재 한반도에는 미군이 주둔하고 있는 데다, 사드 배치 등 민감한 문제들이 가로놓여 있다. 그리고 트럼프는 이미 방위비 문제에 대해서는 보다 분명한 입장을 밝혔다. 그렇기 때문에 조만간 트럼프 행정부가 한반도 대북정책에 대한 공식적 입장을 발표할 것이라는 것이 대부분 전문가들의 견해다. 게다가 워싱턴 포스트는 최근 한반도 관련 기사에서 "트럼프 행정부가 한국에 '싸움'을 걸 것"이라는 전망까지 내놓았다. 이는 한미 동맹에도 적지 않은 변화를 가져올 것으로 예측할 수 있는 보도라고 할 수 있다.

트럼프 시대 트럼프를 말하다

트럼프 대북정책 한층 더 가혹해질 것

그렇다면 공화당 부시 정부의 실정으로 오바마 행정부로 넘어간 정권이 다시 공화당 트럼프에게로 되돌아온 측면에서 볼 때, 트럼프는 과연 부시 행정부의 한반도 대북정책으로 선회할 것인가? 이에 대한 결론을 말하기 전에 우선 미국의 대외정책에 관해 한 가지 짚어볼 것이 있다. 미국의 역대 정부는 민주당과 공화당을 떠나 대외정책만은 여야가 협력하는 초당적 모습을 보여 왔다. 대표적으로 오바마 정부에서도 부시 정부의 국방장관을 그대로 기용하는가 하면, 대외정책에 관해서는 큰 잡음이 없는 협치를 통해 정책을 이끌어왔다.

그리고 기본적으로는 양당의 대외정책에 차이가 있지만, 이 차이마저도 토론을 통해 협력하는 것이 미국의 대외정책에 대한 기본자세라고 할 수 있다. 그러므로 우리는 미국의 역대 정부가 대외정책에 관한 한 민주와 공화 양당이 머리를 맞대는 등 협의를 통해 진행해 나가는 이러한 경향에 대한 배경을 바르게 이해할 수 있어야 한다. 이는 미국의 역대 정부가 지난 세월 동안 한결같이 '자국 이기주의'에 대외정책의 우선 순위를 두고 있었던 전략 때문이다. 따라서 트럼프 행정부가 한반도 대북정책을 비록 부시나 오바마 행정부의 정책을 그대로 답습하지는 않는다고 하더라도 철저한 자국 이기주의에 기반을 두고 트럼프 식 대북정책을 밀고 나아갈 것이 분명하다. 그래서 많은 한반도 정책 전문가들은 이번 트럼프 행정부가 역대 어느 정부보다 더 가혹한 대북정책을 내놓을 것으로 전망하고 있다.

김일성 광장 행진 광경

　한편, 도널드 트럼프는 전 세계에서 일어나는 각종 문제에 대해 미국이
간섭할 여력도, 필요도 없다는 입장을 취하고 있다. 그리고 미국은 이제
세계 경찰의 지위를 내려놓고 미국인들끼리 잘 살 수 있는 자국 이기주의
를 스스로 정리해야 한다는 것이 트럼프 정책의 핵심 개념이다. 그리고
이런 트럼프의 생각을 어느 정도 뒷받침해줄 수 있는 것은 바로 트럼프
가 미국의 군수자본으로부터 자유로운 측면이 있다는 점이다. 미국의 역

대 대통령들은 사실상 군수자본에 얽매여 있었으므로 대외 군사개입에서 그들의 눈치를 보거나 심지어 사주를 받아야 하는 경우도 있었다. 하지만 억만장자로서 이들의 별다른 도움이 없이 대통령에 당선된 트럼프는 그들과는 다르다. 따라서 대북정책에서도 트럼프는 자기 스스로 선택할 수 있는 여지가 그만큼 크다.

그리고 이번 대선에서 트럼프를 지지한 대다수 백인 유권자들의 의식에서도 분명하게 나타났다. 미국의 많은 백인들은 우리도 살기가 어려운데 남의 나라 내전에까지 간섭하여 피를 흘리고, 우방의 안보를 위해 엄청난 국방비를 낭비할 필요가 없다는 주장을 거듭하고 있다. 이는 이제 미국은 세계의 미국이 아니라 미국인을 위한 미국이 되어야 한다는 인식이 깔려 있는 것이다. 그리고 도널드 트럼프는 정통 정치인 출신이 아니다. 그는 일생을 거의 사업가로 활약하면서 대권의 야망을 키우고 쟁취한 사람으로서 본인도 대외정책에 대한 인식이 많이 부족하다. 게다가 그의 주변에도 대외정책에 대해 깊이 있게 연구하고 공부한 실력 있는 인재들이나 인맥 또는 연구소 등이 거의 존재하기 않는다.

따라서 이러한 인식의 터전에 기초한 트럼프 행정부의 대외정책, 특히 한반도 대북 정책은 좌충우돌할 가능성이 매우 크다고 할 수 있다. 이럴 경우에 자칫 초당적으로 대외정책을 협력해오던 오바마 정권의 실력자들에게 대북정책의 주도권을 빼앗길 수도 있고, 나아가 오바마 행정부 시절의 한반도 대북정책으로 되돌아갈 가능성도 배제할 수 없다는 것이 일부 전문가들의 분석이다. 하지만 최근 구성되고 있는 내각 구성원의 면면을 보면, 그중에서도 특히 한반도 대북정책과 직접 관련이 있는 인사들 대부분이 강경 매파들로 구성되고 있는 것을 볼 수 있다. 이에 따라 국내 한반도 대북정책 전문가들의 다수 의견은 향후 트럼프 행정부의 한반도 대북정책은 오바마 행정부보다 훨씬 더 복잡하고, 우려스러운 방향으로 전개될 것으로 점치고 있다.

트럼프, 한반도에 긍정적일까, 부정적일까?

일각에서는 만약 힐러리 클린턴이 당선되었더라면 오바마 정부의 대북정책을 그대로 이어받아 한반도 상황이 갈수록 더 악화되는 방향으로 갈 가능성이 큰 것으로 보는 경향이 있었다. 그래서 트럼프가 당선되었으니 그와는 반대로 나아질 것이라며 낙관하는 긍정적 분위기도 있는 것 같다. 물론 트럼프의 대북정책을 낙관하는 것도 충분히 일리가 있기는 하다. 하지만 트럼프 당선자 개인의 정치적 성향을 떠나 미국을 좀 더 깊이 들여다보면 트럼프의 대북정책을 낙관하는 것은 다소 위험한 일방적인 발상이라고 지적할 수 있다.

기본적으로 미국의 대외정책만은 민주·공화 양당이 자국 이기주의라는 기반 위에서 초당적으로 협력해온 것은 사실이다. 따라서 미국은 당연히 한반도 정책에서도 자국 이기주의를 우선하여 펼쳐나갈 것은 명약관화하다. 그렇다면 트럼프의 한반도 정책도 마찬가지로 남북한이 위기와 충돌로 내달을 것은 분명하다. 왜냐하면 미국의 이익은 한반도의 평화보다는 위기나 충돌에 정비례하고 있기 때문이다. 미국 정부의 입장에서는 한반도에서 위기와 갈등이 증폭될 때 자국의 이익을 확보하기가 훨씬 더 수월하다고 생각한다. 따라서 지나치게 국가 이기주의에 집착하는 트럼프는 당연히 한반도에서 위기가 고조되는 것을 원할 것이다. 하지만 아직까지 트럼프의 대한반도 정책은 불확실한 측면이 더 크기 때문에 정확히 예측하기가 쉽지 않은 것이다. 다만 트럼프의 성격적인 경향으로 볼 때 한반도 대북정책을 그저 밋밋하게 다루지 않고, 더욱 좋아지거나 아니면 더욱 악화되는 방향으로 이끌고 나갈 가능성은 충분히 예상할 수 있다. 그러나 나아진다면 다행이겠지만, 만에 하나 나빠지게 될 경우에는 남북한 간의 군사적인 충돌의 상황으로까지 치달을 수 있다는 점이 매우 우려스러운 부분이라고 할 수 있다.

이를 테면, 오바마가 이란과 핵협상을 타결하고 대이란 봉쇄를 해제한 것을 두고 트럼프는 선거운동기간 내내 이를 강력하게 비난했다. 트럼프는 "이란의 핵이 완전하고도 뒤끝이 없을 만큼 완벽하게 포기되는 것을 담보 받지 못한 채 어정쩡한 합의를 이뤘다."고 주장한다. 그러면서 트럼프는 자신이 당선되면 이란과 즉각 재협상에 나서겠다고 선언할 만큼 이란의 핵문제에 대해 강경한 입장을 취하고 있다. 이러한 잣대를 북한 김정은 정권에 들이댄다면 트럼프로서는 미국을 위협하는 핵보유국 북한을 도저히 용인할 수 없다는 계산이 나온다. 트럼프의 발언에서 북한의 김정은을 "미쳤다.", "만날 용의가 있다."는 극단적인 발언을 한 것으로 볼 때 미친 것으로 보면서도 일단 한번쯤은 개선할 기회를 주겠다는 뜻으로도 해석할 수 있다. 그런데 만약 그런 기회를 북한의 김정은이 그동안 해온 것처럼 무시한다면 트럼프는 반드시 두 가지 중에서 하나를 선택할 가능성이 있다. 하나는 한반도에서 다소 피를 흘리더라도 김정은 정권 붕괴작전을 시도한다는 것이다. 두 번째는 경제, 외교, 군사적인 압박을 통해 중국으로 하여금 김정은을 압박하도록 강력한 조치를 취할 것이다. 북한의 핵무기 개발이 이 지경까지 오게 된 것은 전적으로 중국의 보호가 있었기 때문이라고 그동안 트럼프는 여러 경로를 통해 여러 번 발언을 했기 때문이다. 따라서 트럼프 정부는 한반도 대북정책은 긍정적인 면보다 부정적인 측면이 훨씬 더 크다고 볼 수 있다. 하지만 이러한 예상마저도 북한의 핵무장 앞에서는 매우 제한적일 수 있다는 것이 전문가들이 지적이다.

미군은 한반도에서 철수할 것인가?

트럼프가 대선기간에 한국, 일본, 독일 등 주요 동맹 국가들이 미국의 군사력에 기대고 있다면서 '안보무임승차'라는 말을 쓰면서 강력하게 우방들을 비방했다. 이런 맥락에서 트럼프가 "한반도에서 미군을 철수하겠다."는 말은 처음부터 치밀하게 '미군 철수'를 겨냥한 발언은 아니었던 것 같다. 트럼프는 '미군 철수'라는 발언에 앞서 "한국이 미국에서 엄청난 무역흑자를 내고 있다. 그리고 한국은 제조업 부문의 경쟁력이 강한 국가이다. 특히 삼성전자가 만들어 내는 텔레비전과 같은 전자 제품들은 타의 추종을 불허한다. 따라서 한국은 미국에서 엄청난 이득을 취하는 부자의 나라이다. 게다가 군사력도 60만~70만이나 되는 막강한 군사대국이다. 그런데도 우리가 미군 2만 8,000명을 주둔시키고 피를 흘리면서까지 그런 한국을 북한으로부터 방어해주고 있다. 그러므로 한국은 방위비를 더 지불해야 한다."는 맥락에서 '미군 철수'까지 거론한 것이다.

현재 한국에는 주한 미군 2만 8,000명이 주둔하고 있다.

트럼프 생각으로는 지금 우리 한국 정부가 내고 있는 1조 1,000억 원 이상 규모의 방위비로는 턱없이 부족하다는 계산이다. 그래서 그는 한국의 방위비 분담금을 지적하면서 100% 인상을 해야 한다고 주장한 것이다. 그리고 만약 방위비를 더 내지 못하겠다면 우리는 미군을 철수하는 것이 당연하다며 이번 대선 유세에서 '엄포'를 놓은 것이다. 이런 발언을 스스럼없이 하는 트럼프는 정통 정치인이 아니고 사업가 출신이기 때문에 어쩌면 단순한 산술적 계산으로 자국 이익을 위해 내뱉은 것으로 보는 경향이 있다. 따라서 이 문제에 관해서는 차기 우리 정부가 어떻게 대책을 세우고 대응하느냐에 따라 여건이 많이 달라질 수 있다. 이는 미군이 한반도에 개입하여 주둔함으로써 얻어가는 부대 이익이 너무나 크고 엄청나기 때문이다.

무엇보다 주한미군은 미국에 있어서 세계에서 가장 중요한 전략적 가치가 있는 병력이라고 말할 수 있다. 게다가 우리는 이미 연간 1조 1,000억 원이 넘는 분담금을 부담하고 있고, 수많은 군부대 부지를 무상으로 제공하고 있다. 미국은 자국군을 한반도에 주둔시킴으로써 먼저 자신들의 대항세력인 중국을 견제하는 데 많은 도움이 된다. 그리고 전시 작전권 등을 통해 엄청난 무기시장인 한국에서 거의 독점권을 누릴 수 있다. 역대 미국의 어느 정부도 한국에 미군을 주둔하는 것이 자국에 큰 이득이라는 것을 계산하고 있었고, 그것은 또한 분명한 사실이다. 따라서 트럼프가 이번에 한 발언도 방위비 분담금을 대폭 인상하기 위한 일종의 전략에 불과할 뿐, 실제로 한반도에서 미군을 철수하기란 여러 가지 정황상 쉽지 않다고 보는 것이 타당한 생각이다.

그럼에도 불구하고 트럼프가 한국의 '안보무임승차론'을 주장하면서 '미군 철수'라는 말을 꺼내자 많은 사람들의 가슴을 '철렁'하게 만들 수 있는 것은 단지 우리에게는 북한이라는 위협적인 존재가 있기 때문이다. 이로 인해 우리는 미국에 의존하지 않을 수 없고, 나아가 때로는 트럼프와 같은 '억지' 발언에도 움찔하지 않을 수 없는 것이다. 어떤 사람들은 주한미군 철수하고 자주국방을 실현하면 되지 않겠느냐고 말한다. 이는 국제 정세를 너무나 모르고 하는 소리다. 현재 북한이 핵의 완성단계에 있기 때문에 이에 합당한 자주국방은 우리도 핵을 가지는 것인데, 이는 현재의 국제적 정황으로는 미국, 즉 유엔의 용인이 없이는 거의 불가능하다.

따라서 한반도에서 미군이 만약 철수하게 된다면 가장 먼저 외화가 빠져나가는 등 군사적인 문제 외에 경제적인 문제도 걸려 있는 것이다. 이런 점에서 미군 철수는 현실적으로 미국과 한국 두 국가의 입장에서 모두 바람직한 방안이 절대로 아니다. 우리 정부는 트럼프 행정부가 어떤 식으로든 제기할 방위비 분담금 인상 문제에 대비해 철저한 대책을 세우는 것이 무엇보다 시급하다.

차기 우리 정부의 입장

1월 20일 트럼프 행정부가 출범하면 국제질서에 많은 변화가 일어나면서 한반도에도 예측하기 어려운 문제들이 발생할 수 있다. 이는 트럼프가 오바마 정책을 너무나 싫어하고 있는 데다, 트럼프 당선 요인이었던 '미국 우선주의(고립주의)'를 지켜나갈 것이기 때문이다.

그럴 경우 "우리의 안보, 통상, 북핵문제는 어떻게 될 것인가?"에 대한 물음에 우리 정부는 심각하게 고민하고 대처해야 한다. 그럼에도 불구하고 이런 문제점들이 대두될 때마다 우리 역대 정부는 대개 미국 정권 담당자의 인맥을 찾아 로비를 강화하려는 데 많은 신경을 기울인 측면이 있었다. 이는 단지 급한 불을 끄려는 수준 낮은 대응에 불과하다고 할 수 있다.

우리에게도 약점이 있듯이 저들(미국)에게도 반드시 약점이 있게 마련이다. 다시 말해 우리의 약점이 북한의 핵공격의 위협이라면 미국의 약점은 전통 우방을 놓치면서 대중국 견제의 한 축을 잃게 되고, 나아가 엄청난 방산 이익을 포기해야 한다는 것이다. 그러므로 약점에는 약점을 물고 대응하는 것이 최고의 방책이 될 수 있다. 따라서 우리 정부는 미국의 약점을 잘 분석하고 정리하여 방위비 인상과 같은 주요 현안을 가지고 협상에 임한다면 트럼프 행정부의 일방적인 주장에 휘둘리지 않고 나름 주도권을 가지고 협상에 임할 수 있다. 또한 당연히 그렇게 대처하는 것이 주권을 가진 국가의 정부가 취해야 할 도리이자 책무 아닌가. 따라서 차기 한국 정부가 트럼프 행정부에 취할 태도와 입장은 매우 중요하다고 할 수 있다.

트럼프의 대선 공약이나 본인의 입장을 잘 관찰해보면 트럼프는 역대 기존 정부처럼 동맹국과의 협력을 강화해 나가면서 자국 이익을 취하려고 하기보다 가능한 한 국가 이익에 우선순위를 두게 될 것이다. 따라서 트럼프 행정부와 한국 정부는 앞으로 더욱 큰 마찰을 빚을 가능성이 있다. 그러므로 차기 우리나라 정부 구성과 역할이 매우 중요하다고 보는 것이다. 미국의 입장을 호락호락 들어 줄 수 있는 정부도 안 될 것이고, 그렇다고 미국 정부와 척을 져서 우리의 약점을 이용당하는 것도 문제가 된다.

'민족주의'라는 프레임에 갇히거나 반대로 '종미(從美)'의 입장만을 견지하려 하기보다, 현실적인 국제문제를 능동적으로 잘 파악하여 대처할 수 있는 강하고 정직한 정부의 입장이 중요하다. 트럼프 당선과 함께 일부에서 제기되는 사드 배치 무용론 등 한반도 사드 배치에 대해서도 면밀한 분석을 통해 후회 없는 선택을 할 수 있어야 한다.

트럼프 정부
북한 핵 인정할까?

　트럼프 행정부가 북한을 핵보유국으로 인정하든 안하든 그것은 트럼프 자신의 의지에 달렸다기보다는 북한의 '핵 실전 배치'에 달려있다고 보는 견해가 더 타당하다. 문제는 북한이 핵 실전 배치를 하고 나면 상황은 완전히 달라질 수 있기 때문이다. 예를 들면 북한이 핵무기를 가지고 있다고 하더라도 이 경우에는 전쟁을 통해 핵을 제거할 수가 있다. 하지만 핵무기 실전 배치가 끝나고 나면 전쟁을 하는 순간 해당 국가들은 핵전쟁으로 갈 가능성을 배제할 수 없다. 그렇다면 미국도 북한과 전쟁을 하는 순간 핵을 맞을 각오를 해야 하는데, 미국이 과연 핵공격을 받더라도 전쟁을 하겠다는 결단을 할 수 있을까? 이는 사실상 불가능하다. 북한은 한국전쟁 때부터 핵무기에 대한 공포감을 느끼고 있었으로 이미 핵공격에 대비한 만반의 준비를 해놓은 상태이다. 즉, 북한은 오래전부터 핵공격에 대비한 지하시설물들을 완전히 갖춰 놓은 것으로 파악되고 있다.

그러나 미국의 경우는 전혀 다르다. 미국은 자국이 핵공격을 직접 받아본 적도 없고 핵공격의 위협을 받을 가능성도 거의 없었다. 그러한 미국이 LA나 워싱턴 또는 뉴욕 한복판에 핵이 떨어진다는 사실은 아마 상상도 하지 못할 것이다. 그래서 북한이 핵 실전 배치를 마치고 난 뒤 미국이 북한과 전쟁을 한다는 것은 이뤄지지 않을 가능성이 훨씬 더 높아질 것이다. 이런 상황에서 트럼프 행정부는 북한과 전쟁을 할 수 없기 때문에 이에 대한 새로운 대책을 모색할 수 밖에 없다. 이때 새로운 대책이란 미국이 북한을 핵보유국으로 인정하고, 북한 핵동결을 타진하는 협상이 재개될 것이다. 그리고 북·미 간 새로운 협상을 통해 평화협정을 맺고 북미관계를 정리하는 수순을 밟을 수밖에 없다는 것이 전문가들의 시각이다.

트럼프 북미 협상재개는?

대북 전문가들은 트럼프 행정부의 북미협상의 공식적인 재개가 당장은 어려울 것으로 보고 있다. 그러나 서로의 의중을 떠보기 위해 사전 물밑 접촉은 이른 시일 안에 가능할 것으로 예상하고 있다. 혹자는 지난 2016년 10월 21~22일 말레이시아 쿠알라룸푸르에서 있었던 북·미 사이의 비공식 협상을 이야기하는 사람들이 있다. 그러나 이는 트럼프보다는 힐러리와 연계되었을 가능성이 높은 것으로 보고 있다. 무엇보다 당시 미국 측에서 참석한 인물이 지난 1994년 제네바합의를 이끌었던 로버트 갈루치였기 때문이다. 갈루치는 빌 클린턴 행정부 시절에 외교관이었기에 더욱더 힐러리 클린턴과의 연계 가능성에 무게를 두고 있는 것이다. 게다가 협상 당시는 힐러리 클린턴이 당선될 것으로 예상되었다. 그리고 당시 비공식 접촉 자체도 북·미 간 의중을 떠보기 위한 것이지 공식적인 접촉이 아니었다. 따라서 트럼프 행정부와 연계할 경우에는 큰 의미를 부여하기 어렵고, 더구나 이것이 미국 정부의 대북정책을 조정하기 위한 것으로 해석할 만한 근거나 정황마저 거의 보이지 않고 있다.

하지만 현재 상황에서 미국의 정계나 한반도 대북정책 전문가들 사이에 대북정책의 전환이 필요하다는 목소리가 나오고 있는 것에 주목할 필요가 있다. 그리고 말레이시아에서 있었던 북미 비공식 접촉도 이런 소문과 연계되어 있을 가능성이 있다는 것이다. 이는 북한이 2016년 한 해에 무려 두 번이나 핵실험을 했고, 수십 발이나 미사일을 쏘아 올렸던 사실에서 추측할 수 있다. 그뿐만 아니라 두 번째 핵실험이 있자마자 미국 대선에도 직접적인 영향을 미치게 되었다. 그래서 당시 힐러리와 트럼프 양당 후보는 즉각 한 목소리로 "오바마 정부의 대북정책이 실패했다."고 규정했던 것이다. 그래서 새로운 대북정책을 내놓아야 하는데, 당시는 대선 유세기간이라 더욱 강경한 제재나 압박을 가해야 한다고 주장하는 수준에 그쳤다. 이는 당시 표심을 의식한 정도의 발언일 뿐으로, 누구든 대통령에 당선되면 자신들이 발언한 '강경한 제재나 압박' 정도로는 현실적인 방안이 될 수 없다는 것을 잘 이해하기 있기 때문이다. 그러므로 트럼프 행정부가 조만간 새로운 대북정책을 모색할 수밖에 없는 상황이라고 할 수 있다.

이러한 상황에서 한 가지 주목할 만한 발언이 터져 나왔다. 이는 지난 2016년 10월 5일 제임스 클래퍼 국가정보국장이 미국 외교협회(Council on Foreign Relations) 토론회에 참석하여 한 발언으로 매우 중요한 의미를 담고 있는 메시지다. 그는 당시 토론회에서 "미국이 북한을 비핵화하려는 시도는 실패했다. 그리고 북한은 이미 핵무기를 만들어 놓았고, 우리가 그것을 없애는 것은 사실상 불가능하므로 핵동결을 시켜야 한다. 핵무기를 더 이상 확산시키지 못하도록 하는 데 주력해야 하며 이를 위한 유인책이 필요하다."고 발표했다. 물론 오바마 행정부는 즉각 이것은 우리 정부의 공식적인 입장이 아니라고 부인을 했다. 하지만 국가정보국장은 미국 정보계의 수장인데 아무 생각 없이 이렇게 중차대한 발언을 할 수 있는 자리가 아니다. 그것도 사석이 아닌 미국외교협회에서 한 발언이기 때문에 더욱 그러하다. 미국외교협회는 실제로 미국 외교부의 브레인 역할을 담당할 정도로 매우 권위가 있는 조직이다. 이를테면, 흔히 미국의 음모론자(conspiracist)들이 말하기를 미국에는 보이지 않는 그림자 실체(정부)가 존재한다고 말하곤 하는데, 그들이 말하는 그림자 정부에 가장 가까이 존재하는 조직 중 하나가 바로 미국외교협회인 것이다. 실제로 미국 외교부는 이 외교협회에서 나오는 내용의 상당수를 거의 외교정책으로 집행하고 있다. 그래서 미국 내에서는 대북정책의 방향을 전환해야 한다는 목소리가 점점 크게 확산되고 있는 것이다. 그리고 이 때문에 트럼프 행정부도 조만간 북미협상을 재개하지 않을 수 없다는 전망이 나오고 있다.

하지만 북핵 정책의 보다 구체적인 방향은 이 문제를 직접 담당하는 국무장관과 동아시아 차관보가 결정돼야 보다 확실하게 드러날 수 있다. 그러므로 현재로는 마이클 플린 백악관 안보보좌관 내정자의 입장이나 태도가 매우 중요하다고 할 수 있다. 마이클 플린은 11월 21일 워싱턴 주

2017년 1월 1일 북한에서는 공격수단들의 시험 발사와 핵탄두폭발시험이 진행되었다.

2012년, 북한에서는 김일성의 생일인 4월 15일을 기념하여 은하 3호가 발사되었다.

재 한국 언론과의 인터뷰에서 "김정은은 핵 역량을 키우고 또 그것을 과시하고 있다. 그대로 놔둬서는 안 된다."고 지적했다. 따라서 트럼프 행정부가 한반도 정책에 관해서는 무엇보다 북핵 문제를 우선순위로 다뤄나갈 것을 예상할 수 있다.

북한 핵무기 실전 배치는?

북한이 2016년 한 해 두 번이나 핵실험을 했다. 특히 두 번째 핵실험은 단순한 핵실험이 아니라 핵탄두 시험이라고 주장한다. 이를 사실로 받아들인다면 북한의 핵에 관한 해석의 문제는 달라질 수밖에 없다. 왜냐하면 핵탄두 실험의 성공을 인정할 경우 이는 핵을 미사일에 장착할 수 있고, 나아가 핵탄두를 양산할 수 있는 단계에 이르렀다는 것을 의미하기 때문이다. 그리고 이는 북한의 핵 실전 배치가 끝났거나 거의 코앞에 다가와 있다는 예상을 가능하게 하는 대목이다. 많은 북핵 전문가들은 북한이 2016년 말에 핵의 실전 배치가 완료했을 거라고 보고 있다. 또한 일부이기는 하지만 어떤 전문가들은 여러 가지 정황상 북한이 이미 핵 실전 배치를 12월 이전에 완료했을 거라는 주장을 사실이라고 보고 있다. 그리고 이러한 정황들이 오바마 행정부의 대북정책 실패를 입증하는 사례가 되고 있다. 앞서 언급한 미 국가정보국장인 제임스 클레프의 발언도 이와 같은 맥락에서 이해될 수 있는 것이다. 이는 결과적으로 오바마 행정부가 북한과 대화를 하지 않고 제재와 압박만 가하겠다는 '전략적 인내' 정책이 사실상 북한의 핵무기 실전 배치로까지 이어지게 만들었다는 비판을 피할 수 없게 된 것이다.

이러한 분위기(북한 핵 실전 배치)를 뒷받침하는 내용으로 최근 〈월간 중앙〉 12월호가 인터뷰한 토니 남궁 박사(71)의 평양 방문을 통해서도 짐작할 수 있다. 평양의 건설붐을 취재하는 미국 방송사(ABC) 취재팀과 동행한 남궁 박사와의 인터뷰에 따르면 최근 평양시민의 모습을 다음과 같다. 그는 "북한 내부의 사정은 딴판이다. 평양 상공에 헬리콥터를 띄워서 촬영을 하기도 했는데, 시가지 곳곳이 건설 경기로 들썩이는 게 인상적이었다. 평양 주민들이 애용하는 음식점도 수백 개에 달했다. 5년 전과 비교해보면 평양시민들의 옷차림도 훨씬 좋아진 느낌이었다. 킬힐까지는 아니지만 하이힐이 거리를 활보하고 패션에도 민감하게 반응하는 듯했다. (평양시민들) 휴대전화 소지는 이제 뉴스거리도 아니다. 1990년대 초 혹은 중반의 중국 모습이라고나 할까. 분명 사회 전반에 안도하는 분위기가 감돌았고, 주민들의 표정에서도 미래에 대한 낙관을 읽을 수 있었다. 많이 웃고, 떠들고, 행동도 자연스러웠고…. 아마도 '이제 핵무기를 가졌으니 아무도 우리를 공격하지 못한다.'는 자신감에 차 있는 게 아니가 하는 생각이 들었다. 과거에는 매일 아침 일어날 때마다 '혹시 오늘 미국이 핵 공격을 해오진 않을까?' 라는 두려움에 차 있던 곳이 바로 평양이었다."면서 달라진 평양 시민의 낙관적인 모습을 전했다.

한국 핵무기 개발
가능한가?

 이에 앞서 〈월간중앙〉이 지난 10월호에서 밝힌 딕 모리스 교수와의 인터뷰, 〈핵무장에 관한 글〉에서도 북한의 핵 실전 배치를 간접적으로 읽을 수 있다. 딕 모리스 교수는 빌 클린턴 행정부의 참모였고 트럼프의 친구이자 현재 트럼프 선거캠프의 참모로 알려진 인물이다. 여기서도 트럼프 행정부의 동아시아 전략을 어느 정도 엿볼 수 있다. 당시 월간중앙과의 인터뷰에서 밝힌 모리스의 이야기를 종합하면 이와 같다. "트럼프는 한국과 일본이 더 많은 국방비를 지출하고 장기적으로 미군이 없이도 알아서 스스로를 방어하기를 바라고 있다. 즉, 한·일 두 국가의 핵무장에 찬성해 줄 테니 미국의 부담을 줄여 달라."는 이야기이다. 이것을 제대로 읽으면 트럼프는 이미 북한의 핵무기 실전 배치를 인정하고 있다고 풀이해도 과언이 아니다. 예를 들면, 북한이 전쟁을 벌일 경우 서울을 먼저 공격할 것이다. 이때 미국이 앞장서서 북한을 공격할까? 앞서 밝힌 것처럼

LA나 워싱턴, 뉴욕 등 주요 도시로 향할 북한발 핵폭탄을 맞을 각오를 하면서까지 북한에 보복성 공격을 한다는 것은 미국 내에서는 상상도 하기 어려운 이야기다. 따라서 한국과 일본이 스스로 핵무장을 한다면 북한도 서울을 공격하기가 불가능해진다. 그런데 세계적인 핵 확산 억지 노력에도 불구하고 최근 이란도 원폭을 가지고 있는 상태다. 그리고 미국은 우방인 한국과 일본을 이란보다 더 믿을 수 있는 국가로 생각하기 때문에 한국과 일본의 핵무장에 동의를 할 수 있다는 것이 전문가들의 견해이다.

트럼프, 한국의 핵무장 수용할까?

트럼프도 딕 모리스 교수의 발언에 앞서 이미 지난 2016년 4월 2일 위스콘신 주 로스차일드 연설에서 의미심장한 발언을 했다. 다름 아닌 북·일(북한과 일본) 간의 전쟁이다. 트럼프는 일본과 핵무장한 북한의 군사적 충돌 가능성까지 설파했다. 특히 그날 연설에서 트럼프는 "그런 충돌은 끔찍한 일이 될 것이다. 하지만 그들이 충돌을 한다면 하는 것이다. 행운을 빈다. 좋은 시간이 되기를…"이라고 비꼰 것이다. 그리고 트럼프는 이에 앞서 밀워키 유세에서도 "일본이 핵을 가지기를 바라지는 않지만 그들(한국과 일본)이 스스로 지키도록 해야 한다. 이것이 언젠가는 그들이 핵무기를 가지게 된다는 것을 의미한다면 어쨌든 그렇게 될 것"이라고 말했다. 우리는 트럼프가 일갈한 여러 차례 핵관련 발언에서도 이미 북한의 핵무장을 인정하고 있고, 나아가 한국의 핵무장도 수용할 수 있다는 것을 알 수 있다.

무엇보다 트럼프 행정부가 북한이 핵을 실전에 배치했거나, 배치할 것을 인정할 경우에는 억지력을 갖춘 핵개발은 우방인 한국과 일본만의 입장이 아니라 미국의 입장에서도 필요하다고 할 수 있다. 이를테면, 북한이 핵 위협을 강행할 경우 한국과 일본을 '구원'할 핵우산을 씌우기에는 미국의 부담이 너무 크기 때문이다. 그래서 이러한 발언들은 한국과 일본이 핵을 무장하여 북한의 핵 위협으로부터 자국을 지키면서 미국의 위협 부담도 줄인다는 논리가 성립되는 트럼프의 계산된 발언이라고 볼 수 있다. 이처럼 현재 진행되고 있는 여러 정황으로 미루어 볼 때 트럼프 행정부의 임기가 시작되면서 한반도에는 반드시 큰 변화가 일어날 것은 불보듯 뻔하다. 다만 이에 어떻게 대처하느냐는 것이 문제일 뿐이다. 그리고 이는 우리 한국의 장래 생존을 담보하는 주요한 과제가 될 것이다.

대북정책의 5가지 시나리오

2016년 1월 20일 출범하는 도널드 트럼프 행정부를 바라보는 우리 국민의 주된 관심사는 무엇보다 한반도 대북정책이라고 할 수 있다. 북한의 5차 핵실험으로 미국과 유엔을 포함한 온 세계가 요동을 치고 있기 때문이다. 하지만 정작 지난 미국 대선에서 이 문제를 주요 쟁점으로 다룰 것이라고 예상한 것과는 달리 민주·공화 양당 후보는 한반도 대북문제를 제대로 다루지 못했다. 두 후보 모두 한 목소리로 오바마 행정부의 '대북정책 실패'라는 지적 외에는 달리 자신들의 뚜렷한 입장이나 대안을 제시하지 않았다. 하지만 그동안 오바마의 대북정책을 실패를 거듭 강조해온 공화당 트럼프가 당선됨으로써, 한반도 정책에 있어 미국의 새로운 대북정책이 조만간 공식 발표될 것으로 보인다.

김정은 북한 노동당 위원장이 군사들에게 포사격 훈련을 지도하고 있다.

무엇보다 도널드 트럼프의 한반도 대북정책은 종잡을 수 없었다. 그의 대북정책에 관한 한 '김정은의 암살'에서부터 '김정은과 만나서 대화하겠다.'는 양 극단을 시계추처럼 오락가락하고 있기 때문이다. 하지만 트럼프의 성격상으로 미루어 볼 때 그가 어떤 형태로든 대북문제를 '미지근하게' 밀고 나가지는 않을 것이 분명하다. 따라서 필자는 지금까지 트럼프가 쏟아낸 대선 공약이나 발언, 또는 여러 가지 정황증거를 통하여 트럼프 행정부가 한반도 대북정책의 핵심인 북핵문제에 대해 취할 수 있는 입장을 종합하여 5가지 시나리오를 제시한다.

첫째, 중국을 통한 북핵문제 해결

중국을 통한 북핵문제 해결은 최근에 트럼프가 가장 강력하게 언급하고 있는 카드다. 물론 가능성이 그다지 높은 편은 아니지만 배제할 수 없는 좋은 방법이다. 이는 중국을 통한 북핵문제를 해결하는 것이 우리에게는 물론 미국과 국제사회의 입장에서도 가장 바람직한 해결 방안의 하나라고 할 수 있기 때문이다. 트럼프가 이 문제를 여러 차례 직접 언급한 만큼, 무엇보다 이제는 중국 정부의 입장에 달려있다고 할 수 있다. 트럼프는 선거 직전인 2016년 11월 6일 CNN방송에 직접 출연하여 "북핵시설의 선제공격보다는 북한의 전통적인 우방인 중국이 북한의 핵 프로그램 중단을 이끌어내기 위해 압력을 행사하도록 유도하는 것이 더 효과적인 외교수단이라고 생각한다."고 말했다. 그리고 그는 "중국은 북한을 완전히 통제하고 있으므로 중국이 나서야 한다."면서 "중국이 북핵문제를 풀 수 있도록 미국은 중국을 압박해야 한다."고 주장했다. 이어 그는 "미국의 지도자들이 중국에 대해 더 강경해질 필요가 있다."고 강조했다. 트럼프는 또 "우리는 중국보다 훨씬 더 큰 힘을 갖고 있다."면서 "그러나 우리는 이를 어떻게 사용해야 하는지 잘 모른다."고 말해, 향후 트럼프 행정부가 중국을 향해 펼칠 대중정책의 '화두'를 던졌다는 평가를 받고 있다.

도널드 트럼프가 당선된 뒤에 곧바로 중국에 대해 엄청난 비난을 쏟아내면서 중국의 '역린(逆鱗)'까지 건드리고 나선 상황에서 중국 정부가 트럼프의 주장을 반길 리 없다. 하지만 중국도 이 문제를 심각하게 고려해보지 않을 수 없는 처지가 아닌가. 첫째는 미국이 중국을 향해 쓸 수 있는 각종 카드를 제대로 활용한다면 중국도 트럼프의 이런 주장에 완전히 자유로울 수 없다는 것이 외교전문가들의 견해다. 무엇보다 트럼프가 당선되자마자 중국을 압박하는 여러 가지 카드를 내놓고 있다. 더군다나 타이완 총통 차이잉원(蔡英文)과 통화를 한 것은 중국 당국이 가장 꺼리는 '역린'을 자극한 것이다. 미국 정부가 지난 37년 동안이나 '금기'로 여겨온 것을 깨뜨려 버리는 중대한 일종의 외교적 '사건'이라고 할 수 있다. 이는 트럼프가 중국을 직접 겨냥하여 과감하게 일격을 가한 대외정책의 첫 번째 강펀치였다. 물론 중국 정부는 즉각 반발하고 나섰다. 하지만 트럼프는 오히려 트위터를 통해 "중국이 환율을 조작(절하)하고 미국 제품에 관세를 부과할 때, 중국이 미국에 물어본 적이 있느냐?"고 직격탄을 날린다. 그리고 남중국해에 군사 기지를 세우는 것까지도 문제를 삼으면서 "대만에 해마다 수십억 달러 규모의 군사장비를 팔면서 축하전화도 받지 못하느냐."는 등 처음의 말보다 한층 더 강경한 반응을 보이고 있는 것이다. 이에 따라 미국의 현지 언론들도 "도널드 트럼프의 대중국 발언들은 모두 계산된 발언"이라면서 '대중국 정책변화의 신호탄'으로 받아들이고 있다. 그리고 트럼프 핵심 측근인 뉴트 깅리치 전 하원의장도 트럼프 새 정부에서는 더 이상 중국이 미국을 위협하지 못한다며 정책변화를 예고했다.

이러한 트럼프의 대중국 강경 카드들이 중국을 압박해 나갈 경우 중국도 여러 가지 측면에서 주고받을 수 있는 대책을 가지고 대응할 수밖에 없다. 그런 대책 가운데 하나가 북한을 압박하여 북핵 문제를 해결할 수 있다. 무엇보다 G2가 심한 마찰을 빚을 경우 아직은 힘의 균형추가 미국에 쏠려 있는 상황에서 중국이 한 발 물러나지 않을 수 없다는 것이 국제

문제 전문가들의 견해다.

그리고 아시아·태평양 지역의 현안을 다루는 '더 디플로맷(The Diplomat)'의 편집자 셰넌 톄지는 최근 자신의 매체에 기고를 통해 "트럼프는 완전히 알려지지 않은 인물"이라며, "트럼프가 실제로 45%의 관세를 중국산 제품에 때리고 남중국해에서 중국을 길들이려고 경제 압박을 가할지는 아무도 모를 일"이라고 말했다. 그러면서 톄지는 "트럼프 자신이 말한 것들을 실천할지는 잘 모르겠지만 그의 발언이 중국 정부에 깊은 우려로 다가오는 것은 사실"이라고 덧붙였다.

결론적으로, 트럼프가 중국을 움직여 북핵을 해결하려는 이 첫 번째 시나리오가 전혀 실현 가능성이 없는 것은 아니다. 그리고 만약 중국 정부가 이 문제를 받아들여 북한 당국을 압박한다면, 현재로선 북핵 문제를 가장 빠르고 쉽게 해결할 수 있는 최고 방법이라고 할 수 있다. 그럴 경우 특히 우리 정부와 경제계에도 더할 수 없이 좋은 '신의 한 수'가 될 것이다. 사드 배치로 국내에서는 부지 선정으로 지역과 정부가 갈등을 겪고 있고, 비용문제와 실효성 문제로 정부여당과 야당 간의 갈등이 심각하다. 게다가 중국 정부가 사드 한반도 배치를 강력하게 반대하고 있다. 이에 따라 한·중 갈등이 어느 때보다 심각한 현재 우리 정부로서는 중국을 통한 북핵문제 해결이 어떤 시나리오보다 좋은 방법이 될 것이다.

둘째, 트럼프의 북한 핵시설 타격론

이는 매우 위험한 시나리오다. 하지만 여러 가지 정황상 그 가능성을 배제할 수 없다. 우선 이 문제를 깊이 있게 고려해 보기 위해서는 그동안 트

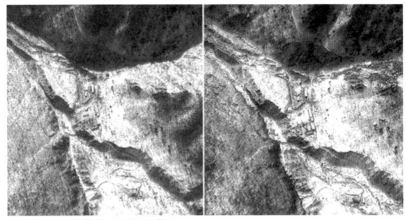
북한이 5차 핵실험을 한 풍계리 핵실험장

럼프가 취해오고 있는 북한 핵문제에 대한 액션이나 발언 등을 짚어봐야 한다. 1999년 초 트럼프는 월스트리트저널의 기고문에서 '미국은 나(트럼프)와 같은 대통령을 원한다.'는 제목으로 "북한이 핵개발을 중단하지 않는다면 북한 핵시설을 타격해야 한다."고 강력하게 주장했다.

그리고 "나(트럼프)는 북한이 핵개발을 중지하는 데 내가 일정한 조건을 두지 않는다는 것을 알리게 하고 싶다."면서 "과거 1986년 레이건 대통령이 리비아의 모하마드 카다피에게 경고한 뒤 즉각 공습을 행한 것을 알려주고 싶다."고 발언하기도 했다. 그리고 트럼프가 2000년 개혁당 후보로 출마했을 당시에 펴낸 저서 〈우리에게 걸맞은 미국·원제: The America We Deserve〉에서도 북한의 원자로를 정밀 타격해야 한다고 주장했다. 이는 오래전의 일이기는 하지만 트럼프가 가지고 있는 북핵에 대한 그의 기본 입장이라는 것을 이해할 수 있는 주요 자료이다.

최근 들어서도 트럼프는 "김정은은 미쳤다."고 주장하다가 다시 "김정은과 만나겠다."고 발언하는 등 오락가락하는 행보를 보여 왔지만 그의 심중에는 여전히 '적절한' 타이밍에 북한핵 시설을 타격할 수 있다는 속내를 내비치고 있다. 지난 2월 10일 대선 유세기간 CBS의 토크쇼인 '디스 모닝(This Morning)'에 출연하여 자신이 대통령에 당선되면 "중국을 압박해 어떤 행태로든 북한의 김정은을 사라지게 만들 것"이라고 발언한 바 있다.

그리고 당시 진행자가 '사라진다(disappear)'는 의미가 곧 '암살(assassination)'을 뜻하는 것이냐고 묻자, 트럼프는 구체적인 즉답을 회피했다. 대신 트럼프는 "솔직히 말하면 김정은에 대해 더 나쁜 팩트를 듣고 있다."고 답했다. 그러면서 트럼프는 또한 김정은을 '나쁜 놈(bad dude)'이라고도 덧붙였다. 그러나 5월에는 로이터 통신과의 인터뷰에서 "북한 지도자(김정은)와 만날 용의가 있다."고 발언했다.

그때 그는 또 "북한의 핵개발에 대응하여 미국이 핵우산에 그들(한·일)을 보호를 하기보다는 한국과 일본도 핵개발에 나서야 한다."고 말하기도 했다. 따라서 지금까지 트럼프가 한 발언으로 미루어 그가 어떤 행동을 취하는지는 분명하게 짚어낼 수는 없다. 트럼프의 대북정책은 한마디로 종잡을 수가 없기 때문이다. 하지만 여러 가지 정황과 함께 특히 현재 트럼프가 추진하고 있는 내각 구성원의 대부분이 강경보수의 매파 전쟁주의자들로 포진하고 있는 점으로 보아 북한 핵시설 타격의 가능성이 얼마든지 고려될 수 있는 시나리오다.

특히 이번에 제임스 매티스(66) 전 중부군사령관이 트럼프 정부 첫 국방장관이 임명된 것을 보면 북한에 대해 보다 직접적인 군사위협을 가하는 쪽으로 대북정책을 펼칠 가능성이 한층 높아졌다는 것이 워싱턴 정가의 대체적인 견해다. 트럼프는 현재 북한 당국이 직접 나서서 "미국 본토까지 실질적으로 핵위협을 가할 수 있다."고 주장하는 상황이므로 북핵문제를 미국의 안보이익에 유리하게 이끌고 나갈 수 있는 명분을 축적한상태다. 따라서 성향이 비슷하고 궁합이 잘 맞는 트럼프와 매티스 국방장관 임명자가 이를 빌미로 북한의 핵문제에 대해 군사적으로 접근할 가능성이 매우 높아졌으며, 이 경우 가장 실현 가능성이 높은 방법이 실질적인 군사적 위협과 함께 '북핵시설 타격'이라는 것이다.

이러한 여러 상황들을 전제로 트럼프 내각이 북한의 핵시설 선제타격을 실행한다고 가정할 경우, 중국이 가만히 있지 않을 것이다. 한국전쟁 때처럼 북한을 군사적으로 지원할 것이 분명하다. 게다가 북한은 현재 100만이 넘는 군인과 대부분 노후한 구형의 재래식 무기이지만 만만치 않은각종 중·단거리 미사일을 포함해 포대와 전폭기를 갖춘 군대가 한국을향해 즉각적인 군사 대응을 할 것이다. 그리고 이 경우에 상호 엄청난 피해를 감안하지 않을 수 없다. 그럼에도 불구하고 미국의 일부 군사전문가들은 "북한이 대량살상무기 핵탄두를 정착하는 기술력을 확보하기 전에 선제타격을 가해야 한다."는 주장을 피력하고 있다. 이런 발언들은 미국 내에서 점점 더 설득력을 얻어가고 있다.

실제로 공화당을 중심으로 한 미국 내 대북정책 강경 매파들은 트럼프행정부를 향해 "북한을 납득시키려는 우리의 시도는 번번이 실패해왔다.지난 수년간 북한은 관계개선이라는 상황을 교묘히 악용해 왔다."며 목소리를 올리고 있다. 그들은 또 "1994년 7월 김일성 국방위원장이 사망할 당시 빌 클린턴 미 대통령과 고위급 보좌관들은 북한 영변 핵시설에 대한 공습을 고려했다."면서 "당시 한국 정부의 반대로 무산된 것이 대북 정책을 실패로 이끈 원인"이라고 지적하고 있다.

셋째, 북한 핵보유국 인정하고 평화협정으로 가나?

이 경우에는 북한 당국이 이미 핵을 실전에 배치했거나, 핵 실전 배치가 임박한 것을 인정할 경우 어쩔 수 없이 취하게 될 수밖에 없는 최악의 마지막 시나리오다. 이러한 상황에서는 트럼프 행정부가 북한 핵시설을 정밀 타격한다는 것은 사실상 불가능해진다. 이는 한반도에서의 전쟁을 의미하는 범위(스펙트럼)를 벗어나기 때문이다. 다시 말해 미국도 국부적으로 핵을 맞을 각오를 해야 하는데, 이것이 미국 정부의 입장으로 가능한 일이냐는 것이다. 그리고 이 경우에는 첫 번째 시나리오인 중국의 압박도 사실상 무용지물이 될 가능성이 높아진다. 북한의 김정은이 할아버지 김일성 때부터 아버지 김정일, 그리고 자신에 이르기까지 무려 삼대에 걸쳐 그토록 염원해온 '핵보유국의 성공'을 쉽사리 포기하지 않을 것이기 때문이다. 게다가 중국도 이 경우에는 핵 실전 배치 이전보다 훨씬 더 강력한 당근과 채찍을 가해야 하는 부담을 가져야 한다. 그래서 북한을 강하게 압박하기란 사실상 불가능해진다.

따라서 이 경우에 트럼프 행정부가 취할 수 있는 압박카드는 매우 제한적일 수밖에 없다. 첫째로 북한과 전쟁을 할 수가 없게 된다. 그리고 중국을 압박해 북핵을 포기하도록 하는 문제도 사실상 불가능해진다. 그래서 이에 대한 새로운 대안을 모색하는 길밖에 없다. 이때 새로운 대안이란 미국이 북한을 핵보유국으로 인정하고, 북한 핵동결을 타진하는 협상이 재개될 것이다. 그리고 북·미 간 새로운 협상을 통해 평화협정을 맺고 북미관계를 정리하는 수순을 밟을 수밖에 없다는 게 전문가들의 견해다. 물론 평화협정 과정에는 핵동결이라는 약속을 통한 대북지원 문제도 포함될 수 있을 것이다. 그리고 미군 철수 문제도 다시 도마에 오를 수 있다.

하지만 이 경우에는 결국 한국과 일본이 북한의 핵 위협에 노출될 수밖에 없다. 그리고 이를 위해 미국이 한국과 일본을 위해 핵우산을 씌우기에는 부담이 커질 수 있다. 그러므로 핵 억지력을 갖춘 핵 개발은 인근 한국과 일본만의 입장이 아니라 미국의 입장에서도 필요한 사안이라고 충분히 판단될 수 있다. 한국과 일본이 핵을 무장하여 북한의 핵 위협으로부터 자국을 지키면서 미국의 위험 부담도 줄인다는 논리가 성립될 경우 트럼프 행정부는 어떤 식이든 한국과 일본의 핵무장을 반대하진 않을 것이다.

현재 진행되고 있는 여러 가지 정황으로 미루어 볼 때 트럼프 행정부의 임기가 시작되면 한반도에는 큰 변화가 일어날 것은 불을 보듯 분명하다. 트럼프 행정부의 등장과 함께 현재 우리 한반도 문제는 한치 앞도 정확히 예측할 수 없는 불확실성으로 빠져들었다. 이러한 불확실성 가운데, 필자는 그동안 트럼프가 북핵 시설 타격에서부터 한·일 핵무기 보유 허용과 미군 철수에 이르기까지 오락가락하는 상황에서 다양한 시나리오를 통해 한반도의 미래를 짚어보지 않을 수 없었다. 따라서 이들 문제에 어떻게 대처하느냐 하는 것이 현재 우리 정부가 직면한 무거운 과제라고 할 수 있다. 무엇보다 이는 우리의 7000만 남북한 동족의 미래 생존권을 담보하는 심각한 문제이기 때문이다.

넷째, 김정은, 유엔대북 제재에 꼬리 내릴 수도

현재까지의 정황으로 봐서는 가장 가능성이 낮은 시나리오로 볼 수 있다. 더구나 핵 실전 배치를 마쳤거나 배치가 거의 코앞에 다가와 있는 상황에서 북한의 김정은 정권이 과연 스스로 핵을 포기할 수 있을까? 현실적으로는 불가능해 보이는 시나리오이다. 하지만 지금이라도 중국이 이 문제에 깊이 개입을 한다면 가능성은 한층 높아질 수 있다는 것이 대북 전문가들의 한결같은 주장이다. 트럼프의 지적처럼 실제로 북한 핵문제는 중국의 손에 달려있다고 해도 과언이 아니다. 하지만 중국이 북핵문제에 적극적으로 나서지 않은 데는 여러 가지 이유가 있다. 그중 하나는 중국과 북한은 피로 맺어진 동맹국이다. 한국전쟁에서도 드러났듯이, 중국과 북한은 대일본과의 관계를 통해 역사적으로 굳어진 '우정'이 일반적으로 알고 있는 사실과는 그 깊이와 폭이 다르다. 두 번째로 북한의 김정은 정권이 무너지고 남북한이 평화통일을 이룩하게 된다면, 한반도는 자연 미국의 동맹국으로 편입되면서 자신들의 안마당을 '적국'에게 내주는 꼴이 될 것이다. 그런데도 중국이 이를 허용한다는 것은 있을 수 없는 일이다.

하지만 일부에서는 세계 여론이 거세지고 있는 현실에서 중국이 마냥 북한을 두둔할 수는 없다는 주장도 제기되고 있다. 트럼프 행정부가 출범하면 가장 시급한 문제 가운데 하나는 중간선거에서 이기는 것이다. 그러므로 트럼프는 자신의 지지 기반인 러스트 벨트(Rust Belt)에 일자리를 창출해야만 한다. 이를 위해 중국과 정면으로 충돌하지 않을 수 없는 상황이다. 그리고 미국과 러시아와의 관계가 좋아진다면 미국이 중국과의 적대관계를 더욱 강하게 몰고 가는 데 도움이 된다. 따라서 중국과의 통상마찰은 더욱 거세지면서 물밑 접촉이나 이면 협상이 대두될 가능성이 높다. 이때 트럼프 행정부의 명분 중에는 북핵에 대한 중국의 형식적인 대응이나 남중국해 문제 등을 들고 나오면서 이 문제를 의제로 채택할수 있다. 그러면 자연히 중국이 북핵 압박에 나서게 되면 북한의 김정은 정권이 유엔 대 북핵 제재에 응할 수도 있다는 것이다.

어쨌든 도널트 트럼프가 등장하면서 세계의 판을 뒤흔들고 있는 마당에 지금 북핵 문제는 한치 앞을 가늠하기 어렵다는 지적이 거듭 나오고 있다. 따라서 우리는 여러 가지 시나리오를 가지고 이에 충분한 대비책을 마련해 나가야 하는 것이다. 이야말로 한반도의 '존망'이 걸린 우리의 미래를 위한 중차대한 과제라고 할 수 있다.

러스트 벨트(Rust Belt)란?

미국의 중서부 지역과 북동부 지역의 일부 영역을 표현하는 명칭이다. 이는 자동차 산업의 중심 지인 디트로이트를 비롯해 미국 철강 산업의 메카인 피츠버그, 그 밖에 필라델피아, 볼티모어, 멤피스 등이 이에 속하는 지역들이다. 이들 지역은 미국 경제의 중공업과 제조업의 중요한 부분을 형성하고 있었으나, 미국 제조업의 사양 등으로 인해 지금은 심각한 불황을 맞고 있다. 따라서 이번 미국 대선에서 오바마 정부를 '혐오'하면서 힐러리 클린턴보다 도널드 트럼프를 적극 지지한 것이다. 그래서 트럼프 행정부는 다음 중간선거에서 이들의 주장으로부터 자유로울 수가 없다.

다섯째, 북한 김정은 정권의 붕괴 가능성

북한 김정은 정권이 군사쿠데타나 내란 또는 반란 등의 정변으로 인해 붕괴할 수 있다는 시나리오다.

트럼프 vs 김정은

    지난해 평양을 다녀온 토니 남궁 박사에 따르면 평양은 건설 붐으로 부산하며, 평양시민들의 발걸음은 활기차고 얼굴은 더없이 평온한 모습을 하고 있었다고 전한 바 있다.

    그러나 지난해 7월 한국으로 망명한 태영호 전 영국주재 북한 대사관 공사는 한 방송과의 '2017 신년특집'에서 "북한은 평양과 지방 간의 양극화가 매우 심하다."고 말하면서 "평양 밖 다른 지방의 시민들이 외부세계에 눈을 뜨면 북한 체제는 물먹은 담벼락처럼 넘어질 것"이라고 지적했다. 그리고 "김정은 정권이 지난 6년간 공포통치를 통해 체제를 유지하고 있지만, 북한 엘리트들의 마음은 대부분 이미 떠났고, 자신들의 2세를 걱정하고 있다."면서 "무엇보다 북한 민심이 김정은을 떠나고 있기 때문에 당장은 아니라고 하더라도 어떤 식이든 봉기의 가능성은 점점 커지고 있다."고 했다.

트럼프 시대 **트럼프를** 말하다

이처럼 북한 김정은의 체제가 무너질 경우, 미국 정부가 가장 우려하는 것은 북한 핵물질의 완벽한 통제여부이다. 만약 일부라도 통제를 벗어난다고 가정하면 그 여파는 실로 감당하기 어려운 문제일 수밖에 없기 때문이다. 이는 테러에 극히 민감한 미국과 서구 유럽의 고민이기도 하다. 구소련의 붕괴 당시보다 더욱 심각한 사태를 초래할 수 있다는 것이다.

하버드대학의 국제안보분야 최고전문가인 그레이엄 엘리슨 교수가 북한이 핵을 파는 편의점(convenience store selling nuclear)이 될 수 있다고 경고하고 있는 것도 이와 같은 맥락이라고 볼 수 있다.

실제로 미국은 이러한 갑작스런 정변에 대비해 지난 2012년 말부터 주한 미8군에 'XXX' 부대를 창설 운영하고 있음을 시인한 바 있다. 하지만 이 부대의 정확한 임무는 아직 베일에 가려 있다. 물론 대(對)북한 정책의 임무를 고려한다면 어느 정도의 유추는 누구나 가능하리라고 본다. 이것은 선제 타격론하고도 일부 겹치는 부분이기도 하다.

하여튼, 그 여러 가지 임무 중, 우리의 관심은 핵과 관련한 어떤 작전의 전개가 이루어질 것인가에 있다. 상황 전개에 따라 한반도 전체의 안보에 치명적일 수 있기 때문이다.

2013년 3월에 실시한 키리졸브(key reslove) 한미 군사연습 때부터 이 부대를 활용, 북한 정권 제거 모의전술훈련이 처음으로 실시되었고, 이후 한미 합동군사훈련 때마다 반복 훈련을 실시하고 있다.

또 다른 한편으론, 한미 당국은 이러한 유사시에 대비해 중국군의 북한 핵시설에 대한 군사적 개입을 저지하기 위해 유엔에 평화유지군(PKF) 파견을 요청하는 방안을 심도 있게 검토하고 있다.

이와 같이 북한 핵문제에 대하여 우리는 5가지 시나리오를 점검해 보았다. 그렇지만 현실은 항상 예기치 않는 변수로 인해, 전혀 다른 국면으로 흘러버리는 수가 허다하다. 지금의 세계 정세가 수상하기 때문에 더욱 그렇다.

도널드 트럼프 행정부의 출범과 함께 지금 세계가 요동치고 있다.

유럽은 브렉시트로 몸살을 앓고 있고, 미국과 중국 G2 간의 무역 전쟁이 예상되면서 세계 경제는 한치 앞도 예측하기 어려운 막장상황으로 치닫고 있는 것 같다.

또, 다행인지 불행인지 공교롭게도 한반도를 둘러싼 주변 강대국의 지도자들이 모두 '안하무인'의 행동파들로 구성되었다. 도널드 트럼프, 시진핑, 푸틴, 아베, 그리고 북한의 김정은 등 한결같이 상도(常道)를 벗어나 있어 예측이 불가능한 인물들이다. 이에 따라 세계의 싱크탱크들마저도 향후 국제 정세를 전망하면서 "'그저 예측이 불가능하다'는 것만은 확실하다."고 말한다.

그만큼 한반도의 앞날도 예측 불허하다. 그래서 지금 이 시간은 그 어느 때보다 우리 국민의 지혜로운 판단과 선택이 필요한 때라고 생각한다.

별첨

도널드 트럼프 행정부 내각 구성
도널드 트럼프 가계도
참고 문헌

도널드 트럼프
행정부 내각 구성

　도널드 트럼프 행정부의 초대 조각이 완료됐다. 총 15명의 장관의 인선이 거의 마무리되고, 이제 인사청문회만 거치면 내각 구성의 완성과 함께 트럼프 호가 정식 출범하게 된다. 이번 트럼프 행정부 내각 구성원의 특징은 대부분 반오바마, 군인, 억만장자 등으로 요약할 수 있다. 이는 트럼프가 당초 공약대로 워싱턴 정가의 기득권 정치의 틀을 깨겠다고 한 약속을 지켰다는 평가를 받고 있다. 먼저 국무장관에 기업인 출신인 렉스 틸러슨을, 내무장관에 라이언 징크 연방 하원의원을, 그리고 국방장관 국토안보장관에 강경파 퇴역 장성을 배치했다. 재무 및 상무장관에 월가 출신의 투자은행가를 기용함으로써, 단지 내무장관만을 제외한 핵심 외교 및 안보라인은 모두 워싱턴 아웃사이더로 구성했다.

　이와 함께 트럼프 행정부 내각 수장들의 총재산 규모가 무려 14조 원이 넘는 '가질리어네어(gazillionaire·초갑부)' 내각이라는 비판을 받을 만

트럼프 시대 **트럼프를** 말하다

큼 억만장자들이 발탁되었다. 게다가 각료 15명 가운데 백인이 13명이고 흑인 및 대만계가 각 한 명씩이다. 인구 구성상으로 백인 다음으로 많은 히스패닉계는 한 명도 없으며, 여성도 2명에 불과하다. 따라서 벌써부터 내각 구성원의 다양성이 부족하다는 지적이 나오고 있다. 이를 두고 뉴욕타임스는 "국무·내무·국방·법무·재무 등 핵심 장관을 모두 백인 남성으로 내각을 인선한 것은 조지 부시 초대 내각이 출범한 1989년 이후 처음"이라고 비난했다.

미 국무장관, 렉스 틸러슨 내정

도널드 트럼프 미국 행정부의 초대 국무장관으로 미 석유기업 엑손모빌(Exxon Mobil Corporation or ExxonMobil)의 렉스 틸러슨(64) CEO(최고경영자)가 내정됐다. 그동안 롬니 매사추세츠 주지사와 줄리아니 전 뉴욕시장으로 점쳐졌던 예상을 깨고 틸러슨이 발탁됨으로써 많은 이야기들이 설왕설래하고 있다. 우선 국무장관은 미국 정부 국무부의 수장을 일컫는 말이다. 이는 또 정부의 수석각료로서 우리나라의 국무총리에 해당한다. 미국 정부가 대통령에게 외교권을 부여하면서 처음에는 외무부(Department of Foreign Affairs)로 설립되었다. 하지만 외무부가 국무부로 바뀌면서 국무부의 책임자인 국무장관은 타국에 대한 외교권과 함께, 연방정부·주정부 그리고 주정부·연방정부 간의 업무 조정 및 협약 등의 권한도 가지고 있는 막강한 권력을 가진 자리라고 할 수 있다.

특히 미 국무부는 전 세계를 대상으로 외교를 벌이는 미국의 역할 때문에 그 수장인 국무장관의 영향력은 재무부·국방부·법무부 장관과 함께

1. 국무장관. 렉스 틸러슨(65)
엑손모빌 CEO, 푸틴 러시아 대통령과 17년 인연

2. 국방장관. 제임스 매티스(66)
전 해병대 사령관,
중부군 사령관. 별명 '매드 도그(미친개)'

3. 재무장관. 스티브 므누신(55)
전 골드만 삭스 CIO
재산 4600만 달러(535억 원)

4. 법무장관. 제프 세션스(71)
앨라배마주 상원의원
전직 검사

5. 상무장관. 윌버 로스(80)
윌버로스컴퍼니 회장.
재산 29억 달러(3조 4000억 원)

6. 노동장관. 앤드루 퍼즈더(67)
CKE 레스토랑 CEO

7. 보건복지장관. 톰 프라이스(63)
조지아주 하원의원
정형외과 의사 출신

8. 주택도시개발장관. 밴 카슨(66)
신경외과 의사
재산 2600만 달러(304억 원)

9. 교통장관. 일레인 차오(64)
전 노동장관. 대만계.
가족재산 2280만 달러(267억 원)

10. 교육장관. 벳시 디보스(59)
학교선택권지지.
가족재산 51억 달러(5조 9000억 원)

11. 에너지 장관. 릭 페리(67)
전 텍사스주 도지사

12. 국토안보장관. 존 켈리(67)
전 남부군 사령관
전 제1해병원정군 사령관

13. 내무장관. 라이언 징크(56)
몬태나주 하원의원,
전 네이비실 사령관

외교안보라인

14. 백악관 국가안보좌관. 마이클 플린(59)
전 국방정복국(DIA) 국장
특수군 사령관으로 이라크전 지휘

15. 중앙정보국(CIA) 국장. 마이크 폼페오(53)
웨스트포인트 사관학교 수석졸업.
하원의원(캔사스주) 3선

내각에서 가장 중요한 수뇌부로 여겨지고 있다. 또한 부통령과 국방부 장관과 함께 국가안전보장회의의 상급 위원으로 참여하는 위치로 우리나라에도 매우 중요한 영향력을 미치고 있는 자리라고 할 수 있다. 따라서 국무장관은 대통령이 임명하지만 다른 내각과 달리 상원의원의 승인이 필요하다. 지금은 미국의 상하 양원 모두 공화당이 절대다수를 차지하고 있으므로 내각 구성에 있어서 특별한 문제가 없는 한 의회 인준은 어렵지 않을 것이라는 게 전문가들의 분석이다.

따라서 이번에 도널드 트럼프가 국무장관으로 렉스 틸러슨을 발탁한 배경에는 공직 경험이 없는 것이 약점으로 작용하고 있다. 그렇지만 전 세계 50여 개국과 기업경영을 하면서 주요 국가에 수많은 네트워크를 가지고 있고, 또한 이런 경험을 통한 충분한 '협상능력'을 가지고 있을 것으로 판단했을 것이라고 미국 내 전문가들을 분석하고 있다. 그 밖에도 거래, 즉 협상을 중시하는 트럼프의 경영철학과도 딱 맞아떨어지는 인물이라는 것이다. 하지만 틸러슨의 정치적 성향이나 소신은 아직 잘 알려지지 않고 있다. 1952년 텍사스에서 태어난 틸러슨은 75년 텍사스 오스틴대학을 졸업한 뒤 곧바로 당시 엑손(99년 모빌과 합병)에 엔지니어로 출발한 뒤, 지난 2006년 1월부터 엑손모빌의 CEO로 근무 중이다. 내년(2017년)에 퇴임할 예정인 그의 2015년 연봉은 2,720만 달러(320억 원)였다. 그리고 그는 워싱턴의 대표적 싱크탱크인 전략국제문제연구소(CSIS)의 이사회 회원이기도 하다.

특히 러시아 국영회사인 로스네프트 등 러시아와 다양한 합작사업을 하면서 푸틴 대통령과는 17년 지기로 알려져 있으며, 또 다른 러시아 지도

부의 관료 및 정치인들과도 깊은 인연을 맺고 있다는 점이 논란거리가 되고 있다. 그 이유는 러시아에 적대적인 기존 공화당 인사들의 성향과는 정반대이기 때문이다. 따라서 의회인준 과정에서 공화·민주 양당의 견제를 받을 수 있다는 전망도 나온다. 그뿐만 아니라 보호무역주의를 추구하는 트럼프와는 달리 자유무역을 지지하는 입장을 취하는 인물로도 알려졌다. 이에 따라 워싱턴 정가에서는 "틸러슨 국무장관은 '얼굴마담'에 불과하고 사실상 마이클 플린 백악관 국가안보좌관과 볼턴 부장관의 강경 매파 라인이 외교정책을 이끌어나갈 것"이라는 지적이 제기된다. 이는 조지 W. 부시 정권에서 허수아비에 불과했던 콜린 파월 전 국무장관과 비슷한 처지가 될 것이란 전망이다.

그리고 국무장관에 이어 내무부장관에도 라이언 징크(55. 공화·몬태나 주) 연방하원의원을 내정했다. 징크 의원은 1986년부터 22년간 미 해군 특수부대인 '네이비실(SEAL·후세인 이라크 대통령을 암살한 부대)'에서 복무하면서 이라크 전에도 참전한 군인 출신으로 2008년 몬태나 주 상원의원을 거쳐 2014년 연방하원 의원에 당선됐다. 미국 내무부장관은 연방정부의 공유지와 천연자원보존 및 개발을 책임지는 주요 직책이다. 그리고 징크는 핵심 내각 수장 가운데 유일하게 정치경력을 가진 인물이지만, 그 역시 강경파 군인 출신이다. 이번 징크 의원의 내무장관 발탁은 그가 '북미 에너지 독립'을 하원선거 공약으로 내세울 만큼 셰일가스 등 에너지 개발에 적극적인 만큼 트럼프 대통령의 대선 공약인 '에너지개발 정책'과도 맞아떨어진 것이 주효했다고 한다.

도널드 트럼프 행정부의 안보팀

도널드 트럼프 행정부의 초대 내각, 특히 국방장관을 포함한 안보라인의 진용 역시 그 윤곽을 드러내면서 북핵 문제를 둘러싼 향후 한반도 대북 정책이 어떻게 변할지 주목을 받고 있다. 이런 가운데 예상대로 그 자리들이 다 같이 대북 강경파로 채워지면서 한반도에 어두운 '긴장감'이 짙게 드리워지고 있다. 흔히 안보라인의 핵심자리 중에서도 특히 한반도 대북정책을 포함해 한반도 정책에 직접 관여하는 자리로 알려진 인물로 트럼프는 마이클 플린 전 국방정보국(DIA) 국장을 백악관 국가안보보좌관에, 역대 공화당 정부에서 안보 중책을 맡았던 캐슬린 T. 맥파런드를 국가안보회의(NCS) 부보좌관으로 각각 임명했다.

그리고 내각에서는 한반도 대북정책에 직접 관여하는 자리로는 국무장관에 이어 국방장관에는 미친 개(mad dog)로 불리는 제임스 매티스(66) 전 중부군 사령관을 임명했다. 특히 매티스는 해병대 출신의 강성 군인이다. 그런 매티스는 전 정부에서도 군사적 압박과 협상을 병행해 실리를 챙기는 출중한 실력을 보여 왔고, 더욱이 뛰어난 군 통솔력을 인정받고 있으며, 종종 거친 발언을 일삼아 트럼프와 닮았다는 평가까지 받는 인물이다. 또 마이크 폼페오(53·캔사스) 하원의원을 중앙정보국장(CIA)에 전격 발탁했다. 그런데 이들 인사의 공통점은 하나같이 대북한 초강경파라는 점이다. 트럼프가 대선기간 한반도 대북정책을 놓고 다소 오락가락한 점이 있었다. 하지만 초대 안보라인의 인물 성향을 보면 북한의 태도 변화가 없는 한 트럼프 정부의 대북정책이 한층 더 강경해질 것이라는 관측이 나오는 근거가 된다.

도널드 트럼프는 또 제프 세션스 상원의원(69·앨라배마 주)을 안보라인의 수장인 법무장관으로 임명했다. 세션스는 트럼프의 음담패설 영상이 담긴 대화 내용이 "성희롱이 아니었다."고 두둔할 정도로 트럼프와는 막역한 사이로 알려진 인물이다. 실제로 세션스는 공화당 주류에서 아무도 트럼프를 거들떠보지 않았던 지난 2월에 트럼프 지지를 선언한 대표적 '충성파' 인물이다. 그리고 세션스는 한반도 대북정책에 대해서도 극우 강경보수파로 알려져 있는 인물이다.

도널드 트럼프의 경제팀

한반도는 물론 전 세계의 관심사인 경제팀은 사실상 인선이 완료된 상태다. 그 면면을 보면 친기업, 친시장 인사들이 경제팀 수장으로 결정됐다. 투자은행 골드만삭스 출신 스티브 므누신(53)과 사모투자펀드 투자자 윌버 로스(78)를 각각 초대 재무장관과 상무장관으로 발탁했다. 이어 상무차관에는 메이저리그 시카고컵스 소유주인 억만장자 토드 리케츠가 임명됐다. 이들은 차기 경제팀을 이끌면서 트럼프의 핵심 경제 공약인 감세, 규제 완화, 보호무역 등을 추진해 나가게 된다. 이들 중 므누신 재무장관 내정자는 인선 뒤 곧바로 CNBS와 가진 인터뷰에서 트럼프의 경제정책을 시행하면 미국의 경제성장률이 3~4%대로 오를 것이라고 자신했다. 그리고 임금 상승과 일자리 창출이 기대된다고 말했다. 윌버 로스 상무장관 내정자는 CNN방송과의 인터뷰에서 "트럼프 당선자는 한번 하고자 한다면 반드시 하는 인물"이라며 임기 초반부터 북미자유무역협정(NAFTA) 재협상 등 보호무역정책을 적극 추진할 것이라고 강조했다. 이어 초대 교통장관에 일레인 차오 전 노동장관이 발탁해 대대적인 인프라스트럭처(사회기반시설) 투자에 대한 기대감이 사실로 나타날 것으로 이목이 집중되고 있다.

미국 내 진보진영에서는 지금까지 트럼프의 인선을 놓고 비판의 날선 목소리가 터져 나오고 있다. 특히 민주당 버니 샌더스 상원의원과 엘리자베스 워런 상원의원은 트럼프 내각 인선은 "위선의 극치"라고 비난하고 있다. 이들의 주장은 트럼프가 선거운동기간 기득권과 티파티와 노동자를 위한 정책을 약속해 놓고 역대 정부와 다를 바 없는 월가 출신의 기득권 인사들로 경제팀을 꾸렸다고 꼬집었다.

트럼프 포스트 이데올로기적 내각 구성

미국의 경제 전문지 월스트리트저널(WSJ)은 12월 5일자에 사설에서 "도널드 트럼프가 인사나 정책에서 기존의 이데올로기적인 틀에서 완전히 벗어나고 있다."고 지적하면서 "트럼프는 이데올로기가 중요하지 않은 '포스트 이데올로기적(post ideological)'이다."고 보도했다. 실제로 트럼프는 내각 인사에서 포퓰리즘적인 아웃사이더 캠프 이미지를 그대로 가지고 있는가 하면, 다를 한편으로는 평범함 보수주의자의 모습을 보이고 있다. 따라서 최근 발탁된 인사들 중에는 공화당의 이념과 맞지 않은 사람으로서 오히려 기존의 민주당 대통령이 좋아할 스타일도 있다고 지적한다. 트럼프 캠프의 여론조사요원이었던 토니 파브리지오는 최근 하버드대 콘퍼런스에서 "전통적인 이데올로기의 렌즈로 트럼프를 볼 수는 없다."면서 "트럼프는 포스트 이데올로기적이다. 그리고 많은 면에서 이데올로기를 초월하고 있다."고 평가했다.

이러한 현상은 2016년 대선 결과에서 극명하게 나타났다. 트럼프의 당선에 표를 몰아준 사람들이 기존 민주당 지지자였던 블루칼라(노동자)였으며, 반대로 공화당 편이었던 경영계에서는 많은 표를 얻지 못했다. 따라서 유권자들부터 기존의 이데올로기로 트럼프 지지자를 분간하기가 어려운 면이 있다. 이에 따라 트럼프가 이번 인선에서도 기존의 시각으로는 이해하기가 힘든 면이 있다. 인종차별주의 논란을 빚은 스티브 배넌을 백악관 수석전략가 겸 고문으로 지명한 것은 포퓰리즘적인 모습을 보여주는 대표적 사례로 거론되고 있다. 그리고 마이크 폼페오(캔사스 주) 하원의원을 중앙정보국장(CIA)에, 제프 세션스(앨라배마 주) 상원의원을 법무장관에 각각 기용한 것은 매우 비관행적이라는 지적이다. 특히 폼페오는 '코흐(크) 신더스트리즈(Koch Industries)'를 위해 총대를 멘 적이 있고, 세션스는 인종차별주의적 발언으로 과거 연방지방법원 판사로 지명되지 못한 전력이 있는 인물이다. 하지만 스티브 므누신을 재무장관에 발탁한 것은 대세를 따른 것이라고 할 수 있다. 역대 미국 대통령은 소속 정당에 관계없이 월가 경력을 가진 인사를 관행적으로 재무장관에 기용해왔기 때문이다.

트럼프는 '오바마 케어' 폐지를 정책 최우선 순위에 두는 것으로 보면 정부의 과도한 개입을 경계하는 것으로 보인다. 하지만 정통 보수주의 안보론자들이 트럼프의 외교정책에 대해서는 갈팡질팡하고 있다는 지적을 받고 있다. 대만 총통과 37년 만에 전화통화를 한 것을 공화당 내부에서는 박수를 보내면서도 나프타(NAFTA) 탈퇴 또는 재협상이라든가 푸틴 러시아 대통령과 친밀하게 지낼 것이라는 전망에 대해서는 비난을 쏟아내고 있다. 월스트리트저널은 "트럼프의 인선이나 정책이 평범하지 않다."고 평가하면서 "트럼프의 이데올로기가 있다면 중국이든 기업경영자든 간에 그들에게 힘을 보여주는 것"이라고 비판했다.

주중 미국대사, 시진핑 지인 발탁

트럼프 대통령은 주중 미국대사로 시진핑 주석과 31년간 인연이 있는 테리 브랜스태드 아이오와 주지사를 지명한 바 있다. 테리 브랜스태드의 임명 배경에는 다양한 해석들이 있다. 시진핑이 중국의 모든 국사를 장악하고 있는 점을 감안하면 그와 소통하면서도 오랜 친구 관계인 브랜스태드를 임명하는 건 매우 중요하다는 판단에서 발탁했다는 소식이다. 이 경우 시진핑과 브랜스태드 사이의 오랜 우정이 시험대에 오를 것으로 보인다. 트럼프는 선거기간에 자신이 집권하면 중국과의 무역 불균형에 따른 손실을 바로잡겠다고 공언해왔기 때문이다. 미국은 중국과의 무역적자가 2015년 한 해 3,668억 달러에 달한 데 이어, 2016년에도 지난 10개월간의 무역적자가 2015년에 비해서는 조금 떨어지는 수치다. 그렇지만 여전히 2,888억 달러나 되는 큰 손실을 보고 있는 상황이다. 그래서 트럼프는 선거기간에 자신이 집권하면 중국 상품에 대해 45%의 초고율의 관세를 물리겠다고 주장한 데 이어 중국을 통화조작국으로 강하게 힐난했던 것이다.

그러나 중국 정부는 미국이 세계무역기구(WTO) 규약을 따라야 한다며, WTO는 '설득력이 없는 이유'로 각국이 무역보복을 가하는 것을 금지하고 있다고 경고했다. 하지만 트럼프는 현재 미국이 중국의 시장경제 지위를 거부함으로써, WTO의 시장경제 지위를 획득하지 못한 중국산 제품에 얼마든지 관세폭탄을 안길 수 있다고 주장하고 있다. 이러한 상황에서 미국 내 전문가들 사이에는 브랜스태드를 중국 대사로 지명한 것은 상당히 적절하다고 지적하는 사람들이 지배적이다. 특히 미 국가안보센터의 아시아·태평양 보안담당국장 패트릭 크로닌은 이미 주지사로서 아이오와 주와 중국의 무역을 오랫동안 추진해오고 있는 브랜스태드의 발탁을 지지한다고 밝혔다. 브랜스태드는 1985년 주지사 재임 중 최연소인 39세로 첫 임기를 마쳤을 때 중국의 신인 정치지도자로 아이오와의 농업 및 축산 기술 자문을 얻기 위해 미국을 방문한 시진핑과 '절친한' 친구가 되었다는 것이다. 시진핑은 2013년 국가주석 취임을 앞두고 워싱턴에 가서 오바마 대통령과 회담을 갖고 캘리포니아를 방문하는 일정 중에 다시 아이오와 주를 방문해 브랜스태드 주지사와 공식 만찬을 갖는 등 우정을 과시했다. 따라서 트럼프가 특히 중국에 강한 불만을 드러내고 있는 상황에서 시진핑 주석의 오랜 지기를 중국대사로 지명함으로써 향후 양국 관계가 호전 내지는 개선될 것이라는 전망이 나오고 있다.

　하지만 일부 전문가들은 고작 인구 300만 명 정도의 작은 주의 지사를 지낸 것에 불과한 데다 일흔의 고령이며 외교관 경험마저 전무한 그가 단지 곡물 수출 활동을 위해 여러 차례 중국을 다녀왔다고 하여 중국을 대표하는 대사직을 무난히 수행할 수 있을지에 대해 회의적인 시각을 보이고 있다. 공화당 마르코 루비오 상원의원은 12월 6일 트럼프의 결정에 대해 다음과 같이 강한 비판을 제기했다. "향후 트럼프 행정부가 중국 정부와 공산당에 대해 인권탄압 중지와 국제법 준수를 위해 더욱더 강한 압력을 가해야 하는 상황"이라면서 "그럼에도 그런 껄끄러운 자리에 대중국 미국대사로 단지 시진핑 주석과 친분이 깊다는 이유로 선택한 것이 정말 올바른 일인지 우려하지 않을 수 없다."

미국가무역위원회 위원장 반중 경제학자 발탁

도널드 트럼프가 미국 주중대사로 시진핑의 지인인 테리 브랜스태드 아이오와 주지사를 발탁한 것과는 달리 이번에는 새로 신설한 미국가무역위원회(NTC: National Trade Conucil)의 위원장으로 반중 경제학자로 알려진 피터 나바로(67)를 지명했다. NTC는 미국무역정책 중에서도 특히 '미국의 상품을 구매하고 미국인을 고용하는 경제정책'을 총괄할 것으로 알려져 있는 신설 무역기구다. 따라서 나바로의 지명은 대중무역에 강경정책을 예고하는 것이어서 더욱 주목을 받고 있다. 캘리포니아대 교수인 나바로는 윌버 로스 상무장관 내정자와 더불어 트럼프의 경제정책의 큰 틀을 만든 강경한 반중 경제학자로 꼽힌다. 나바로는 중국의 경제 영향력 강화가 미국에 나쁜 영향을 미친다는 내용의 책 〈중국에 의한 죽음: Death by China: Confronting The Dragon-A Global Call to Action〉을 공동 저술하는 등 중국문제에 관한 한 대표적인 강경 반중 경제학자로 꼽힌다.

따라서 〈워싱턴 포스트〉를 비롯한 미국 주류 언론들은 "트럼프가 백악관에 국가안전보장위원회(NSC)와 같은 위상의 국가무역위원회(NTC)를 신설하고 나바로와 같은 반중 경제학자를 위원장으로 지명한 것은 트럼프 나름대로의 확실한 의중을 내비친 것"이라고 지적하면서 "중국과 무역문제에서 강경 노선을 선택할 것이 분명하다."고 전망했다. 그동안 미국의 무역정책은 무역대표부(USTR)에서 담당했다. 하지만 트럼프 행정부에서는 로스 상무장관 내정자가 무역정책을 총괄할 것이라는 새로운 구상이 나오면서 상무부와 손발을 맞출 신설기구인 NTC를 백악관에 두어 상무장관 윌버 로스와 국가무역위원회 위원장 나바로가 쌍두마차로 트럼프 행정부의 무역현안을 강경하게 다룰 것이라고 언론들은 지적하고 있다.

  피터 나바로가 미국가무역위원회 위원장으로 지명된 바로 그날(21일) 미국무역대표부(USTR)는 중국의 최대 유통업체인 알리바바의 자회사인 타오바오를 "짝퉁 유통의 온상"이라고 지적하면서 '악명 높은 시장 보고서'에 이름을 올린다. 물론 중국정부도 미국의 보호무역주의가 발동한 것이라고 강하게 비판하고 나섰다. 그리고 23일 중국 정부도 미국 제너럴모터스(GM) 중국 합작법인이 반독점 금지법을 위반했다며 2억 100만 위안(약 350억 원)의 벌금을 부과한다. 이어 영국의 경제전문지 파이낸셜타임스(FT)와 블룸버그뉴스 등 국내외 언론들은 25일 일제히 "미·중 양국의 대표적인 기업에 대한 제재조치를 주고받으면서 무역전쟁의 전초전이 사실상 시작됐다."고 타전했다.

트럼프 시대 **트럼프를** 말하다

도널드 트럼프 가계도

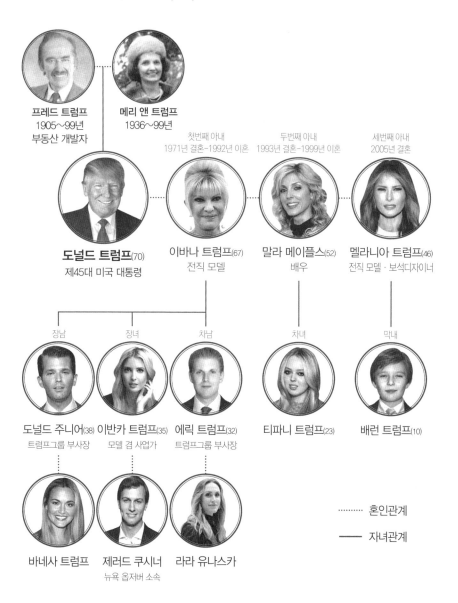

프레드 트럼프
1905~99년
부동산 개발자

메리 앤 트럼프
1936~99년

도널드 트럼프(70)
제45대 미국 대통령

첫번째 아내
1971년 결혼-1992년 이혼

이바나 트럼프(67)
전직 모델

두번째 아내
1993년 결혼-1999년 이혼

말라 메이플스(52)
배우

세번째 아내
2005년 결혼

멜라니아 트럼프(46)
전직 모델 · 보석디자이너

장남

도널드 주니어(38)
트럼프그룹 부사장

장녀

이반카 트럼프(35)
모델 겸 사업가

차남

에릭 트럼프(32)
트럼프그룹 부사장

차녀

티파니 트럼프(23)

막내

배런 트럼프(10)

바네사 트럼프

제러드 쿠시너
뉴욕 옵저버 소속

라라 유나스카

········ 혼인관계

——— 자녀관계

257

주요 참고문헌

* 도널드 트럼프의 자서전

〈거래의 기술(원제: the Art of Deal)〉

〈불구가 된 미국(원제: Crippled Amreica)〉

〈터프해져야 할 때: 미국을 다시 1위로 만들자(원제: Time to Great Tough: Making America first one Again)〉

* 일반저서

〈트럼프 대통령-T.R.Club〉

〈트럼프 대통령에 대비하라-김창준 저)등과 국내외 언론 《(인터넷)뉴욕타임스》

〈CNN news〉

〈파이낸셜타임스(FT)〉

〈USA Today〉

〈월스트리트저널(WSJ)〉

〈뉴욕 데일리 뉴스(New York Daily News)〉

〈월간중앙〉

〈월간조선〉

〈Hillbilly Elegy(힐빌리 애가): A Memoir of a Family and Culture I Crisis-by J.D Vnace(Author)〉

〈Hillary Diane Rodham Clinton(힐러리 다이앤 로댐 클린턴)-autobiograph(자서전)〉

〈도널드 트럼프, 강만준(2016)-인물과 사상사〉

〈The audacity of hope(담대한 희망)-버락 오바마 지음(홍수원 옮김. 2006- 랜덤 하우스)〉

〈오바마 베스트 연설문(오바마 지음-김욱현 편저)-베이직북스〉

〈미국 정치의 분열과 통합-미국정치연구회지음(2008)-오름〉